専門学校教員のための クラス運営ハンドブック

クラス運営ハンドブック編集委員会 著

明治図書

はじめに

「専門学校のクラス運営？」と思い，この本を手に取った方もいらっしゃるかもしれません。近年，時代の多様な変化に対応するため，学生指導の充実が求められ，クラス担任制で学生を指導する専門学校や大学も増えています。

本書は，同じ想いをもった全国の専門学校教員たちのプロジェクトとして始まりました。すべての専門学校教員の願いは，学生たちが夢見た職業に就き，社会で活躍することです。そのためには，目標に向かって集団の中で一人の人として成熟していくことが求められます。最終的な資格取得だけではなく，周囲との信頼関係の構築，自律と成長，卒前・卒後のキャリア教育など，学科組織としての「体系的なクラス運営」が重要となります。しかし，クラス運営の内容は多岐にわたり，担任は悩むことも少なくありません。そして，そのクラス運営の経験や事例は暗黙知であり，教員間で共有・伝承される機会は少ないのが現状です。

クラス運営ハンドブック編集委員会では，教員たちの日々の経験こそが貴重な財産だと考えています。本書は，クラス運営と担任業務の流れや，体系的クラス運営を実践するためのロードマップ（特典配付），教員たちの事例集，クラス運営におけるQ&Aなどで構成されており，どこから読んでいただいてもかまいません。クラス運営の疑問や，「他の教員はどのような取り組みをしているのだろう？」と感じたときは，ぜひハンドブックのページをパラパラっとめくってみてください。

本書には，学科や学校の枠を超え，教員たちのクラス運営に関するエッセンスが詰まっています。苦労あり，涙あり，喜びあり……。そんな専門学校教員のクラス運営に関する日々の実践事例集です。このハンドブックを通じて経験を共有することで，手に取ってくださったあなたの「明日からのクラス運営実践」のヒントとなれば幸いです。

2025年3月　　　　　　　　　　クラス運営ハンドブック編集委員会

CONTENTS

はじめに 3

知っておきたい！
専門学校におけるクラス運営の心得

❶ 専門学校のクラス運営とは？ ………………………………………………… 10
❷ クラス運営を成功させるポイントは？ ……………………………………… 12
❸ クラス運営を行ううえでの教員の心得 ……………………………………… 14
❹ クラス運営を行ううえでの学科組織の心得 ………………………………… 16
❺ 理想的なクラス運営とは？〜「土台」の形成とクラス運営〜 …………… 18

コラム　やっぱり答えは学生が知っている！　20

押さえておきたい！
学級担任のA to Z

❶ クラス担任の仕事 ……………………………………………………………… 22
❷ 担任の役割・意義 ……………………………………………………………… 24
❸ 就職活動の支援 ………………………………………………………………… 26
❹ 保護者等との関わり方 ………………………………………………………… 28
❺ 学級担任持ち上がり制のメリット・デメリット …………………………… 30

コラム　学生の一番傍で一緒に頑張る存在　32

Chapter 3 ビジュアルでわかる！クラス運営ロードマップ

- ❶ クラス運営ロードマップとは ……………………………………… 34
- ❷ 入学前〜入学年度のクラス運営ロードマップ …………………… 36
- ❸ 中間年度のクラス運営ロードマップ ……………………………… 38
- ❹ 卒業年度のクラス運営ロードマップ ……………………………… 40
- ❺ スプレッドシート（ガントチャート）の利用方法と使い方 …… 42

コラム　教員の「心の疲れ」をほぐす方法〜宝物の薬はなんですか？〜　44

Chapter 4 事例で解説！クラス運営の基礎基本

- ❶ 入学前教育の目的と効果的な取り組み方 ………………………… 46
- ❷ 入学前教育における学生のマインドセットとICTの活用 ……… 48
- ❸ 安心で安全なクラスづくり ………………………………………… 50
- ❹ 安心して過ごせる体制づくり ……………………………………… 52
- ❺ 二国籍から多国籍に渡る国際的なクラス運営 …………………… 54
- ❻ １，２年生のクラスづくりと留学生へのサポート ……………… 56
- ❼ 学生のモチベーション維持につながる効果的なクラス運営 …… 58
- ❽ 「常にチームで」を基本とする学生対応 ………………………… 60
- ❾ 学生主体の学習支援 ………………………………………………… 62
- ❿ 学生自身が気づく個別学習指導の必要性 ………………………… 64
- ⓫ 新入学生から始める学習習慣の定着法 …………………………… 66
- ⓬ 臨床現場で自立して学べるための個別学習指導 ………………… 68

- ⑬ 学習習慣が定着する情報通信技術の活用法 …………………………… 70
- ⑭ ゲーム感覚で楽しく取り組む国家試験勉強 …………………………… 72
- ⑮ 模擬試験の得点予想で自己分析能力アップ …………………………… 74
- ⑯ 学生マネジメントが鍵となる国家試験対策 …………………………… 76
- ⑰ 作業療法学科の資格取得対策 …………………………………………… 78
- ⑱ 調理校の資格取得対策 …………………………………………………… 80
- ⑲ 学生との貴重なコミュニケーション手段になる
  通信制教育の添削指導 …………………………………………………… 82
- ⑳ つながりを感じる通信制教育 …………………………………………… 84
- ㉑ 学生の職業意識の醸成とモチベーションアップ法 …………………… 86
- ㉒ 多職種連携教育が拓く保健医療福祉 …………………………………… 88
- ㉓ 先端技術を利活用した職業実践教育 …………………………………… 89
- ㉔ 面談に臨むにあたり意識している３つのポイント …………………… 90
- ㉕ 学生のやる気を引き出す非認知能力を共通言語とした面談 ………… 92
- ㉖ 保護者等面談と学生面談 ………………………………………………… 94
- ㉗ スクールカウンセリングと保護者等カウンセリング ………………… 96
- ㉘ 合理的配慮が必要な学生への対応① …………………………………… 98
- ㉙ 合理的配慮が必要な学生への対応② …………………………………… 100
- ㉚ 学外実習前後の指導 ……………………………………………………… 102
- ㉛ 学外実習での学びを大きくするイメージづくりと共有化 …………… 104
- ㉜ 継続した卒後教育を行うための運営方法 ……………………………… 106
- ㉝ 卒後教育「ホームカミングディ」 ……………………………………… 108

コラム 「教員のささやかな喜び」と「至福のとき」 110

Q&Aで解説！
よくある教員の悩みごと

Chapter 5

- Q1 学校を簡単に休んでしまいます。
  どのように対応したらよいでしょうか？ ……………………………… 112
- Q2 教員としてのアンガーマネジメントについて教えてください。…… 114
- Q3 提出物の期限を何度言っても守れません。
  何かよい方法はありませんか？ ………………………………………… 116
- Q4 グループワークがうまくいきません。
  何かよい案はありませんか？ …………………………………………… 118
- Q5 長期休暇後にモチベーションが低下する学生が多いです。
  何かよい方法はありませんか？ ………………………………………… 120
- Q6 不登校になって，本人と連絡が取れなくなってしまいました。
  どうしたらよいでしょうか？ …………………………………………… 122
- Q7 親の勧めで入学して，目的意識がはっきりしない学生には
  どのような対応が必要でしょうか？ …………………………………… 124
- Q8 LGBTQ+に悩む学生の対応方法を教えてください。……………… 126
- Q9 学生と親しくなりすぎると，公私の線引きが難しくなります。
  学生との距離感を教えてください。…………………………………… 128
- Q10 実習後にやる気が低下してしまいました。
  何かよい方法はありませんか？ ………………………………………… 130

おわりに　132

編集委員会メンバー一覧　134

Chapter 1

知っておきたい！

専門学校における
クラス運営の心得

専門学校のクラス運営とは？

 「専門学校のクラス運営」とは

専門学校のクラス運営の要となるのは，「**将来の職業への"志"をもたせ，集団の中で成長と自律を支援すること**」です。

クラス：志が同じ集団の中で学習することには様々なメリットがあります。学生が互いに刺激を受け，自律的な集団を形成します。また，自主練習やグループ学習などで成長と学習効果を高めることができ，一人では困難な壁を集団の力で乗り越えることが可能となります。結束とは逆にクラスが分裂状態に陥るときには注意が必要です。時には問題が発生しますが，クラス内で解決しながら集団として成熟していきます。その集団＝クラスを一番近くで見守り，関わることができるのが担任と学科教員たちです。

運営：集団が最大の力を発揮できるように，まとめ動かしていくことが運営といわれます。教育の場で考えると，学生自身が成長し自律できる支援，集団学習効果が高められる支援や枠組み，クラスの雰囲気をつくることが運営の鍵となります。そのためには担任のみではなく，学科・学校教員全員が意識して協働したクラス運営を行うことが重要です。

2 高校のクラス運営との違い

専門学校卒業後は，関連する職業に就く場合が大きな割合を占めます。専門学校は職業教育機関としての機能をもつため，一般教養に加え専門性・職業倫理，価値観なども学ぶ場所となります。また社会の一員となる最後の教

育機関でもあるため，社会人としての基本やマナー教育も求められます。

　各専門学校では職業現場に特化した授業体系や学ぶ仕組みを軸に，カリキュラム（教育計画）が構築されています。クラス運営に教育計画は欠かせません。学生が卒業までに「習得すること」を明確にし，数年かけて学生の将来につながる**クラス運営計画（ロードマップ）**に落とし込む必要があります。

❸ クラス運営の基礎と様々な取り組み

　担任・学科教員にとって**「授業」はクラス運営を行ううえでの大切な基礎**となります。授業はスキルであり，日々学び，意識的に改善していくと向上していき，学生の学びも促進されます。毎日の授業を大切にすることが，学生とのコミュニケーションの機会となり，教員との信頼関係を強め，クラス運営を円滑にすることにつながります。

　授業以外にもチームプロジェクトやグループ学習など，協働作業を取り入れる仕組みを準備することは，効果的なクラス運営の一端を担います。現場で活躍している卒業生に講演をしてもらうことや，関連業界と連携を図るなどで，将来の職業意識の向上，資格取得へのモチベーション維持や向上につながります。授業以外の時間をどのように有効活用し設定するかがクラス運営に関わり，全体の職業意識向上につながる可能性があります。第4章では様々なクラス運営の取り組み事例を紹介しています。各専門学校で行われている先進的な取り組みが，学生たちのやる気を刺激し，成長する学習集団へと変化させる，大きな可能性をもっています。

> **POINT**
> ☑将来の職業への"志"をもたせ，集団の中で成長と自律を支援する
> ☑担任のみではなく，学科・学校教員全員が取り組むクラス運営が大切
> ☑卒業後を見据えたクラス運営計画を立てることが重要

（工藤　絵梨果）

2 クラス運営を成功させるポイントは？

① 安心安全な学習環境の保障

クラス運営を成功させるためには，**学生が安心して学ぶことができる学習環境と心理的安全性の提供が必要**です。教員は学生にとって重要な人的環境であり，学ぶ意欲を向上させる授業づくりはもちろん，学習状況を把握し，個々の特性に合わせた効果的な言葉かけをすることは，学生が教員から「気にかけてもらえている」「守られている」ことを実感し，学びに対する安心感につながります。また，集団において，学生が失敗を恐れず挑戦でき，自分の考えや気持ちを安心して発言できるような心理的安全性を提供することが重要であり，心理的安全性の高いクラスは，主体性や協働性，創造性が十分に発揮されることが期待できます。

② 信頼関係の構築

クラス運営において，**学生との信頼関係の構築は最も重要**であり，また，多くの教員が直面する問題でもあります。信頼関係を築くために必要なこととして，個々の学生を多角的・多面的に理解すること，様々な方法でコミュニケーションをとること，公平で一貫性を保って接し，学生との約束を守ることなどが考えられます。

③ クラス集団力の構築

クラス運営では，一人ひとりが自己を肯定的に認め，学生たちが互いに尊重し合い，信頼関係を築き，集団の中で高め合っていけるような集団力の構築が必要です。そのための方法としては，グループワーク等でのコミュニケーション能力の向上，リーダーシップの育成，授業以外のイベントでの協働などいろいろな取り組みがあります。また，クラスで共通目標をもつことで全員が同じ方向に向かって努力し，目標達成のために互いに協力する姿勢が養われます。

④ 組織的な運営

クラス運営は担任一人が抱え込むのではなく，組織的な運営が不可欠です。全教員はもちろん，学校長，副校長，スクールカウンセラーなど，その他の学校職員が連携して，担任をサポートする体制を構築することが重要です。

クラス運営を成功させるポイントは，あらゆる場面で，いろいろな方法が考えられます。そのヒントや具体的な内容がこの書籍で紹介されています。

> **POINT**
> ☑ 学生に安心安全な学習環境を提供する
> ☑ 学生との信頼関係を構築する
> ☑ 組織的な体制でのクラス運営を行う

(梅森　恵美)

3 クラス運営を行ううえでの教員の心得

1 教員の心得

　専門知識を伝授するのはもちろんのこと，教育に対する情熱を持ち続け，**教育者としての責任と覚悟をもち自己研鑽を続ける**ことが大切です。教員の授業力・教育力・人間力などがあって，学生たちは教員を信頼していくでしょう。教員は学生が将来目指す職業人の見本となります。学生の憧れ（カリスマ）であり続けるために常に向上心をもち，教育力向上や自己研鑽に励むことも大事ではないでしょうか。教員が専門職として楽しく生き生きとしていることが，クラス全体の士気を上げて学習意欲を高めます。

2 学生への接し方

　学生の行動や成果，個々の能力を最大限に発揮できるようにサポートすることが重要です。学生には公平性と共感性をもって接し，学生自身の考えを尊重します。学生個々の特性理解や学習状況など，多方面からアセスメントを行い，学生の成長とモチベーションの向上，意識向上を支援します。
　学生一人ひとりの表情から歩き方の変化まで敏感に反応し，臨機応変な対応を心がけることも大切です。学生が自ら教員にSOSを投げかけるときは，ことが大きく，対応が難しい状況が多いです。学生のSOSを未然に感じ取り支援しましょう。定期的に学生の進捗状況や努力の過程を確認し，具体的で肯定的なフィードバックを行うことも効果的です。

クラス運営を行ううえで大事なこと

　クラス運営は全教員が連携して行うことが望ましいでしょう。卒業後も含めた学生の成長をイメージし，個々の能力を発揮させるために集団の意識醸成を全体でサポートしながら導いていく意識をもちます。

・クラス運営を計画通りに進める中で，臨機応変な対応を忘れないこと。
⇒クラス運営計画に学生を乗せるのではなく，学生の状況に合わせて計画を変化させていくことが大事です。

・クラス内でON-OFFをつくることが重要。
⇒クラス全体の空気感に問題があると判断した場合，学生と一緒に身体を動かすことやリフレッシュできるようなことを組み込み，クラス全体の雰囲気向上に努めるのも必要です。

・管理者や他教員と密な情報交換を行うことは必須。
⇒クラスの問題を担任がすべて解決することは不可能です。担任一人で問題を抱え込むと，ストレスにもなるため，組織内で役割と責任の分散がなされるとよいでしょう。担任は，問題レベルが低い事柄でも管理者や他教員へ報告・相談・共有し，問題が小さい段階で手立てを考えていくことが円滑なクラス運営につながります。

> **POINT**
> ☑教員は学生の見本であり，常に向上心をもって，自己研鑽に励むこと
> ☑計画はあくまで計画である。場合によっては計画を変化させ，臨機応変な対応を忘れずに
> ☑クラス運営は組織で行い，管理者や他教員と密な情報交換を行うこと

（小畑　陽平）

4 クラス運営を行ううえでの学科組織の心得

① 学科で共通の意識をもつ

　専門学校での学科は一組織であり，どのような学生を育てたいのかを学科内で共有していることが必要不可欠です。学科組織とは，アドミッション・ポリシー（AP），ディプロマ・ポリシー（DP），カリキュラム・ポリシー（CP）の3つのポリシーや教育目標に基づいたカリキュラムを軸に，組織一丸となって共通のゴールに向かい，個々の教員が連携して学生を育てていくチームです。そこでは，学科に所属するすべての教職員が共通認識をもち，担任一人にクラスを任せきりにしないことや，教職員の学生に対する姿勢や言動が統一されていることも重要となります。

② 担任まかせにしないクラス運営

　担任は学生に一番近く，クラスの状況を最も把握していますが，クラス運営については担任まかせにせず，学科でその責任をもちましょう。学科内で学生の情報共有を綿密に行い，指導の方向性などを確認し，意思決定をします。さらに，必要に応じて担任へのサポート，軌道修正を適宜行っていきます。また，学科教員だけではなく外部講師ともクラスの状況や雰囲気について共有し，授業改善へもつなげていきます。情報共有については，会議など正式な報告以外の場でも，普段の職員室での会話の中で学生のこと，クラスの状況などについて自然に話ができるような雰囲気づくりを心がけましょう。些細なことでも情報共有することで，リスク回避につながることがあります。

③ 学科内コミュニケーションを意識する

　学科でクラス運営を行うためには，学科内の円滑なコミュニケーションが欠かせません。そのためには教員間のコミュニケーションを強化し，チームワークを高めていくことが大事です。例えば，学科組織は心理的安全性が保たれ，意見が言いやすい雰囲気か，良好な関係性が保たれているか，業務の偏りや負担感のアンバランスは生じてないかなどを確認します。また，学生対応など担任業務や授業準備に追われて学科組織内でのコミュニケーションの時間がとれないといった問題に対して，情報共有のためのツールの活用やデジタルトランスフォーメーション（DX）による業務効率化など，学科組織として体制を見直し，仕組みづくりを行っていくことも重要です。

【学科内コミュニケーションのポイント】

その①：定期的なミーティングの開催
　　ミーティングの目的が明確で，全員が積極的に参加しているか？
その②：情報共有の徹底
　　メールやチャットを活用し，全員に情報が漏れなく伝達されているか？
その③：問題解決における協力体制
　　全員が問題解決に積極的に関与し，協力して解決策を模索しているか？
その④：心理的安全性の担保
　　多様性が尊重され，全員が安心して平等に発言できる環境が整っているか？
その⑤：対話の促進
　　カジュアルな対話の場を設け，休憩時間など気軽に話せる機会があるか？

> **POINT**
> ☑ 学科で共通の意識をもつ
> ☑ 担任まかせにしないクラス運営
> ☑ 学科内コミュニケーションを意識する

（大石　法子）

5 理想的なクラス運営とは？
～「土台」の形成とクラス運営～

 クラス運営に必要な取り組み

　クラス運営を行うにあたり最も大切なことは，**「ファウンデーションの構築」**，**「集団力動の把握」**，**「レビューの実施」**の３点です。この３つを行うことで，クラスの学生と教員の間に，信頼関係の土台が形成されます。

　ファウンデーションとは人間関係の土台・下地のことを指し，安心して話す，相談できる関係性のことです。この関係性が学生と教員との間で形成されることにより，学生にとっても心理的ハードルが下がり，結論を出す前に教員に相談する流れが生まれます（突然の退学の防止にもつながります）。ファウンデーションを形成するためには，以下のことを行う必要があります。
・情報開示（何か伝えるときには目的や理由，背景や教員の思いを説明する）
・帰属意識を高める（朝礼や夕礼，昼休みや放課後などに顔を出すことで，
　学生はクラスの一員であるという帰属意識をもてるようにする）
・大人として扱う（傾聴を心がけ，教員の価値観を押しつけない）

　集団力動の把握とは，クラスという集団の中に特徴的に働く力（集団力動）を把握することです。集団は形成されてすぐは「一つにまとまろう」とする力（凝集性）が働き，次には反対の動き（解体しようとする動き）が起きます。この動きを繰り返すことで成熟していきます。いまクラスの凝集性が高まっているのか，解体に向かっているのかを把握し，無理に一つにまとめようとしたり，逆に個々人の自由を明確に保障しようとしたりせずに，時に凝集性が高まり，時に弱まりという動きを繰り返すことができるように支えていくことが教員の役割となります。そのため学内で行うことができるイ

ベントや行事を使って意識的に凝集性を高めたり，解体に向かっているときにはクラス内での話し合いを行うことで把握が可能になります。集団は時間，経験とともに成熟していきます。年次ごとに成熟していく中で，最終的に学生各個人がクラスに属しながら個々に自立していることを目指します。

レビューとは振り返りのことです。先輩教員ならどのように対応するか，過去に似た状況の学生がいたかなどの話をお互いにすることで，暗黙知を形式知に変えていきます。学科内でいつでも自然にレビューが行える環境や雰囲気が醸成されることが望ましいです。これら3つの取り組みにより「土台」を形成し，そのうえにアクティブ・ラーニングの技法などを使用した効果的な授業テクニックを活かしていくことが理想的なクラス運営となります。

② クラス運営と方向性

図1は，「テクニック」と「土台」の関係性です。クラス運営は「土台」の形成と教員の授業テクニックが加わることによって「右上のエリア」を目指していくことになります。

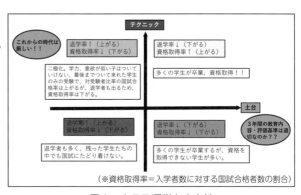

図1　クラス運営と方向性

> **POINT**
> ☑ クラスの学生と教員間で「ファウンデーション」を構築する
> ☑ クラス内の「集団力動」を把握する（イベントなど効果的に使用）
> ☑ レビューを行うことで，学科内の暗黙知を形式知にしていくこと

（田中　敏彦）

やっぱり答えは学生が知っている！

　これまで多くの学生支援を行ってきました。しかし，やはり一番学生のことを知っているのは同じクラスメイトや学生同士です。私たち教員の「学生を観る」ことは臨床現場でいう「担当患者を観る」に近しいところがあります。私自身，教育の現場では学生らがクライエントであり，彼らの目標達成のための支援を日々評価し，アプローチを練り，実施後どう変化したか，試験で合格点が取れたかどうかを観ながら，学生支援を行っています。クラス担任となると，そのクライエントが数十名となるわけです。毎日，その数十名，全員の様子を把握できますか。授業準備，事務処理，学年スケジュール作成，イベントの準備など，休まる時間がどこにあるのか叫びたい毎日ではないでしょうか。ですが，私はそんなときこそ，学生らとの何気ない会話が癒しの一つになっているのを実感します。今日は誰と話してみようかな？というふうにランダムに，もしくは仲良しメンバー（集団単位）でいるタイミングを見計らって声をかけるようにしています。「これ楽しかったよ～」「この前先生に注意されてブツクサ言っていたよ～」「週末遊びに行って課題どころじゃなかったんだ！」「今日は体調不良なんかじゃないよ！単に寝坊しただけだよ！」「最近Ａ君が元気ないんです」など，教員には見せない部分を話してくれます。学生支援やクラス運営に悩んでいるとき，「みんなはこのクラスをどうしたい？」と投げかけてみるのも一つの手です。クラス運営に様々なノウハウがあったとしても，最終的に行き着くところは，やはり一人の人間としての関わりではないでしょうか。学生らの何気ない日常に一人の人間として入り，会話を通して時間と空間を共有していく。学生らのことは学生同士が一番よく理解し合っています。クラスを運営するのは教員だけではありません。学生もクラス運営の一員であり，そこに主体を置くことで，集団の成熟，医療人としての成熟にもつながってくると思います。

（天久　藍）

Chapter 2

押さえておきたい！

学級担任の
A to Z

クラス担任の仕事

 クラス運営の仕事

　担任の仕事の中でも，クラス運営は教育現場で教員が担う最も重要な役割の一つです。学生が安心して学ぶ環境を整えるための業務は多岐にわたります。以下に，クラス運営における主要な仕事を詳述します。

①**学習指導と生活指導**：学生に必要な知識やスキルを教えることが学習指導の中心です。一方，生活指導では，学生が社会人・専門職として必要とされる基本的態度や生活習慣を身につけるための指導を行います。この両面をバランスよく支援することで学生の成長を促します。

②**出欠管理と成績管理**：出欠管理は日々の授業において学生の出欠状況を把握し，早期に問題を発見するための重要な仕事です。成績管理は学生の学習進捗を定期的に確認し，適宜，個別支援を行います。

③**個人面談と心理的サポート**：個別の課題や悩みを抱える学生に対しては個人面談で相談を受け，心理的なサポートを行います。

④**学生間トラブル対応**：学生間でトラブルが発生した際に速やかに対応して問題を解決する必要があります。教員は公平で適切な対応が求められます。

⑤**クラスへの連絡相談**：クラスへの連絡事項や相談ごとを適切に処理し，スムーズなクラス運営を支援します。

⑥**秩序を管理し安心な環境を整える**：クラス内の秩序を管理し，学生が安心して学びに集中できる環境を整えます。適切な規律を保つことで学習の質を向上させます。

⑦**ホームルームやクラス行事等の企画運営**：クラスの団結力を高めるために

ホームルームやクラス行事を企画・運営します。学生同士のコミュニケーションを深め，クラス全体の雰囲気づくりに貢献します。
⑧**キャリア教育**：学生が将来を見据え，自己のキャリアパスを具体的に考えられるよう支援するのがキャリア教育です。就職に関する情報提供や指導に加え，現場で活躍する卒業生を招くなどの取り組みも重要です。
⑨**保護者等の対応および連携**：保護者等との連絡や協力は学生が健全に学び成長するために欠かせません。成績報告や生活状況に関する情報共有を通じて保護者等と連携し，家庭のサポートを依頼することも重要です。

> **その他**：一般的事務，法令やマニュアルに準じた業務や書類作成，教育活動を継続するための教務資料の整理整頓，外部講師対応など。

❷ 担任が行うクラス運営で意識すること

①**学生状況を把握する**：個人面談や日常の行動観察を通じて学生の健康状態や言動に注意をはらい，学生の性格，興味・関心，悩みなどを把握します。
②**学生と関係性を構築する**：学生が抱える悩みや問題を早期発見し，相談・指導を行い，学生が安心して相談できる環境を整え，信頼関係を築きます。
③**教員間で情報共有する**：学生情報や状況は学科の教員間で共有し，一人で抱え込まずに様々な意見を取り入れ，より良い対応策を考えます。
④**保護者等と連携する**：必要に応じて保護者等と連携し，家庭内支援を依頼するなど状況に応じた改善策を講じます。

> **POINT**
> ☑学生の状況を日々観察・把握し，安心できる学習環境をつくる
> ☑学生と積極的にコミュニケーションをとり，信頼関係を築く
> ☑個別面談を通じて学生の悩みや課題を共有し，支援・指導を行う

（佐藤　淳）

2 担任の役割・意義

 「担任の役割」とは

　学生の成長をサポートする担任の役割は多岐にわたります。

　まずは，学生管理（学習指導，生活指導，出欠管理など）をはじめとしたクラス運営業務を通じて，クラスの様子を観察し，適宜，学生に声かけをすることにより，学生との信頼関係の土台（ファウンデーション）を構築するとともに，自主性や主体性を伸ばすために学生たちと一緒にクラスをつくり上げていきます。

　学生自身の自己実現に向かって目的・目標を達成できるように，学生一人ひとりに向き合い，学習面，生活面，進路選択などあらゆる面でサポートします。その一方で，クラス全体の目標を達成するために，クラスのグループダイナミクス（集団力学）を把握して集団をまとめていき，クラス全体の士気を高め，方向性がずれないよう助言します。

　また，学生の相談窓口となり，学生が抱える問題や思いを傾聴し，理解したうえで適切なアドバイスを行いながら，学生と一緒に解決策を考えていき，困難に立ち向かう姿勢を育てます。さらに，保護者等から相談を受けたり，場合によってはクレームを受けたりすることもありますが，学生に対するのと同様に誠意をもって対応し，学生と保護者等がよりよい学校生活・家庭生活を実現できるようにサポートします。必要に応じて，二者面談や三者面談も行います。

　そして，学生の様子やクラスの状況について，学科内の他の教員と日常的にコミュニケーションを図り，共有することも大切です。会議や報告という

形式ではなく，日々の中での雑談として当たり前に行えることが理想です。

 「担任の意義」とは

　担任は，クラス全体の雰囲気を整えて，学生の人間形成や成長発達が円滑に進むようにサポートする必要不可欠な存在です。学生間のコミュニケーションの活性化により，協働の精神を養い，問題解決能力や社会性を育むことに寄与します。しかし，クラスの雰囲気は常に良好であるとは限らず，トラブルも発生します。トラブルが発生したときこそ，円満な解決策を講じ，クラスの雰囲気を整えることができるのも担任ならではの役割です。

　学生は個々で異なります。担任は，学生一人ひとりの特性を把握し，将来の目標（資格取得など）に向けての険しい道のりを走る学生を応援しながら，時には厳しい言葉をかけながら伴走し，困難を乗り越えるための共闘関係を築いて，学生の可能性を最大限に伸ばすコーチのような存在です。また，伴走するだけでなく，時には後ろから見守る車掌のような存在でもあります。

　また，担任は，学生個々の出欠状況や成績状況の管理が確実に行えるため，その時々に応じた個別の指導や他の教員からの支援を得ることにより，退学や休学防止につなげることができます。

　学生にとって大切なのは目標を達成することです。その過程は個々によって全く同じではないため，個々に応じた支援が必要であり，それができるのが担任です。担任は学生一人ひとりの人生に関わり，職業人へと成長する過程を最も近くで見守り，成長した姿を見る喜びを感じることができるのです。

POINT
☑ 信頼関係の構築と自主性の促進
☑ 個別サポートとグループダイナミクスの把握
☑ 学生の可能性を最大限に伸ばす

（宮里　浩二）

3 就職活動の支援

就職先選定の支援について

　学生が描く卒業後の将来像については，1年生では，入学当初から意識して総合病院に勤めたいなどの希望をもつ学生や，将来像についておぼろげなイメージをもって入学する学生など様々です。大半は，卒業後の将来像について大まかなイメージをもっている学生が多いです。

　学校生活の中で，学年を重ねるごとに講義や実習などについて様々な経験を積むことで，将来の就職先についてイメージをもつことができてくる様子が見えてきます。クラス担任が定期的な面談を行う中で，普段の成績，学習状況などと併せて自分のなりたい将来像や将来の就職先などについても話を聞くことでいろいろなアドバイスを行います。この時期において，なかには，自身の将来像に不安をもっている学生や，理想と就職先のギャップを感じて迷いが出ている学生もいます。そういった中で学生自身の将来像，その就職先や就職活動についてどのように考え，どのように将来像に近づけるために就職活動を計画していけばよいかを導くことも時には必要です。特に最終学年になると臨床実習などもあり，臨床実習が将来の就職先に影響を与えることも少なくありません。

　また，3年生は就職を意識した具体的な就職活動を計画する時期でもあるので，クラス担任は個別面談の中で具体的な就職先やどのような分野に進みたいかなど，学生の状況を詳細に把握し，適時アドバイスをする必要があります。

② 就職活動支援の実際

　本校での就職活動支援について紹介します。最終学年では，事務のキャリア支援担当を通じて，学生に情報提供ができるよう，全国各地からの求人票を閲覧できる工夫を行っています。また，教務部と事務部のメンバーでキャリア支援委員会を設置し，最終学年の就職活動にあたりマナーや就職活動についての講座を行い，就職活動に役立てています。そして，職種ごとに就職説明会も開催し，学生と就職先がマッチングできる機会を設けています。

　実際の就職活動については，実習や国家試験に向けての成績も鑑み，クラス担任からアドバイスをもらいながら就職活動を行っています。志望する就職先が決まったら，就職試験を受ける流れとなります。就職試験については，講義などがあっても公認休扱いとして就職活動を支援しています。

　就職試験前にはキャリア支援担当やクラス担任を通じて，履歴書の添削指導や面接練習などもできるように，キャリア支援委員会が中心に学科と協働して取り組みを行っています。また，就職活動について国家試験の結果が気になり，国家試験受験後に就職活動を行う学生もいます。こういった学生にもクラス担任が就職先についての情報提供や就職についての面談などを実施して，就職ができるように支援を行っています。

　学生自身が卒業後の将来像をしっかりイメージして，就職先の選定や就職活動が上手く行えるように，入学時から卒業までの学生生活の中で，教員は学生に寄り添いながら卒後の将来像を明確にしていき，就職活動につなげていけるよう支援していく必要があります。

> **POINT**
> ☑卒業時の将来像は学校生活の学びの中で経験を通じて明確になる
> ☑就職情報の提供，就職説明会，就職試験準備などの仕組みが重要
> ☑国家試験受験後の遅い時期に就職活動を行う学生の支援も行う

（福田　聡史）

保護者等との関わり方

 保護者等との関わり方で担任として大切なこと

　私たち教員は学生の強力なサポーターであり，彼らの成長と成功を全力でサポートしていくことが使命です。そのため，保護者等との面談においては，学生一人ひとりの将来について真剣に考え，それを第一に置いて行動します。

　まず，面談の前には事前に学生の情報を収集して，問題が大きくなる前に早めに対応するよう心がけます。保護者等に連絡する際は，経緯や理由などを事実と解釈とをきちんと分けて明確に説明し，会話の内容は記録しておきます。

　面談時においては，保護者等の協力と支援に感謝の意を示して，保護者等の意見を尊重し，真摯に傾聴する姿勢を貫きます。

　以下，面談での重要なポイントを提示します。
・面談の目的を明確にして保護者等と共有しておく
・信頼関係を築くために，親しみやすい雰囲気をつくる
・面談の内容や所用時間を事前におおまかに伝えておく
・学生の家庭での様子を把握する
・学生の状況について具体的に説明する
・学生の成長した部分や現時点での強みなどを伝える
・今後の課題や改善点を前向きに伝える
・学生の今後の目標を共有し，将来像を話し合う
・最後に，要点を整理して話すことで共通理解を図る
・保護者の非言語的なサインも見落とさないようにする

面談は基本的には対面で行うのが理想ですが，保護者等の勤務体系や時間的制約，地理的制約などにより，電話やオンラインによる面談を行うことも考えられます。その際には，微妙なニュアンスが伝わりにくいという欠点があることを理解し，その点に配慮して行います。
　いずれにしても，私たち教員と保護者等とは，同じチームで学生を支える存在であるため，学生にとって最良の方法を共に模索し，その実現に向けて努力します。この過程においてはホスピタリティ（深い思いやり，優しさ，歓待）をもって保護者等との信頼関係を築く必要があります。
　また，学級便りや成績通知などの郵送機会を活用して，学習の状況や生活状況，クラス全体の状況，年間スケジュール等についても情報共有します。
　さらには，相談窓口を設けたり，オンラインツールを活用してクラス単位のコミュニティなど，一方向ではなく双方向の情報共有に努めます。具体的には，ビデオ会議ツールを使用してリアルタイムで情報を共有したり，アンケートツールを使って意見を集めたり，個別やグループ面談を通じて情報を共有することが考えられます。
　オンラインツールでは，上記のような情報共有に加えて，学生が学習した内容をポートフォリオとして記録し，保護者と直接共有することが可能です。これにより，学生の進捗状況をスケジュール管理とともに保護者に実感してもらえるというメリットもあります。

> **POINT**
> ☑学生の将来を最優先し，保護者等と協力してサポートする
> ☑保護者等の話を真摯に傾聴し，共に学生を支えることを明確にする
> ☑丁寧なコミュニケーションで，解釈ではなく事実を説明する

（村上　匡司）

学級担任持ち上がり制の
メリット・デメリット

 学級担任持ち上がり制のメリット・デメリット

・メリット

　入学から卒業まで責任感をもって一貫した教育を提供することで，担任としての本質をじっくりと理解し享受できるだけでなく，同じ職種の後輩を社会に送り出す達成感も得られます。また，成績が低迷している学生への継続的なサポートや学生の特性を把握することで信頼関係が深まり，年を追うごとに安心して過ごせる環境が整います。その結果，クラス全体のパフォーマンスが向上し，クラス運営が円滑になります。

　さらに，卒業後も良好な関係が続きやすくなります。

・デメリット

　担任との相性が悪い学生は，卒業まで辛く感じる可能性があり，学習意欲の低下や欠席，休学，退学，クラス崩壊の原因となります。この問題に対処するためには，副担任の導入などの対策が必要です。また，他の教員と接する機会がないと，指導内容が担任の影響を強く受け，学生が担任に依存しやすくなり，なれ合いや甘えが生じることがあります。その結果，担任以外に相談できなくなり，他の教員との関係が希薄になります。

　最終学年では，国家試験対策や就職対策を担任に任せきりになると負担が大きくなり，疲弊するため，フォロー体制が必要になります。

学年別担任制のメリット・デメリット

・メリット

　学生と担任の関係がうまくいかない場合でも，次年度に担任が変わることで学生のモチベーションが上がり，欠席や休学，退学の抑止力となります。また，学生が多様な教員と関係を築くことで，自分に合う教員に相談しやすい環境が整い，学びの幅や対応力も広がります。

　さらに，他の教員と情報を共有することで学生の状況を把握できるため，担任が一人で学生の悩みを抱え込まずに済み，その学年で集中すべきことに専念できるので，業務負担も減少します。

・デメリット

　関係の悪い教員が次年度の担任になることがわかると，学生のモチベーションが下がり，休学や退学の原因になることがあります。年度当初には，新たに学生と関係を築く必要があり，学生の特性を把握しにくくなるため，学生の拠り所が減少し，混乱や不満が生じやすくなります。また，情報共有が不十分だと継続的なサポートが難しくなり，学生や保護者等との信頼関係が崩れることもあります。

　さらに，１年間で完結するため，担任としての責任感が分散されることがあります。また，指導方法に担任の個性が強く反映されると，クラスの雰囲気に影響を与え，次年度の担任が苦労することもあります。加えて，実習指導担当や国家試験対策担当などの特化した教員が退職すると，経験が乏しい教員が対応することになり，業務負担が大きくなります。

POINT
☑ 信頼関係の構築と継続的サポートの提供
☑ 担任の変更による学生のモチベーション向上
☑ 多様な教員との関係構築と情報共有の強化

（西田　徳和）

学生の一番傍で一緒に頑張る存在

　初めて担任を任されたのは教員2年目のときでした。ほとんどの学生は高校を卒業したばかり。入学式にド派手な金髪で来る，荷物を置いたまま授業中に逃亡する，ふざけ合って教室の壁に巨大な穴を開けるなど，いろいろな意味で元気のよい学生たち。一方学習面は，学校の看板は彼らの再試験料で建ったと揶揄されるほど低迷していました。救いだったのは，クラスの仲が良く，団結力があり，厳しい指導にもへこたれない強さと，どこか憎めない愛嬌のある学生たちだったこと。担任として，「この学生たちを国家試験に合格させ，無事に卒業させなければいけない」そう思っていた4年間でした。国家試験対策では，常に危機感をもたせ，夜間と土曜日の補講を実施し，約2万問を超える問題演習を行って，勉強らしい勉強をしてこなかった学生たちに1日12時間勉強するようにスケジュール管理を徹底しました。学生に「鬼」と呼ばれるほど私自身が必死でした。国家試験当日，「きっと勝つ！」の祈りを込めてメッセージ付きのチョコレートを一人ひとりに手渡して送り出したとき，一人の学生に渡されたチョコレート。そこには「先生の努力を無駄にはしない。全員で合格してくるから安心して待っていろ。クラス一同」のメッセージ。今までの苦労はどこへやら，このクラスの担任でよかったと心から思った瞬間でした。あれから6年。やんちゃ坊主たちはそれぞれの場所で立派に活躍しています。学生は，教員の大変さも必死さもきちんと見ています。教員が真摯に向き合えば学生は必ず応えてくれます。「学生の一番傍で，目標に向かって一緒に頑張る存在」それが教員であり，教員のやりがいだと思います。本校の卒業生は，実習指導者や客観的臨床能力試験（OSCE）講師，国家試験対策のチューターなど，様々な教育場面で協力をしてくれます。卒業後も学校を好きでいてくれるのはとても嬉しいですし，在校生も学校を好きでいてもらえるように，これからも精一杯学生たちと向き合っていきます。

（遠藤　志保）

Chapter 3

ビジュアルでわかる！

クラス運営
ロードマップ

クラス運営ロードマップとは

 ロードマップの重要性

　ロードマップは学生が専門学校での学びを最大限に生かし，将来のキャリアを築くための重要な指標です。これにより，入学前から卒業後までに必要とされるステップや修得すべきスキルを体系的に示すことが可能となります。ロードマップを策定する際は，ディプロマ・ポリシー（DP）やカリキュラム・ポリシー（CP）を基盤に，学生が修得すべき知識や技能を明確に定め，それに基づく活動を網羅することが理想です。つまり，ロードマップは単なる計画書ではなく，学生の成長を支援する総合的な道標となります。

ロードマップ作成の背景

　クラス運営において直面する課題に「入学前から卒業後までの全体像がイメージできない」「全体業務がわからない」というものがあります。この課題を解決するために，ロードマップを作成しました。これにより，入学前の準備から卒業後のフォローまで全プロセスを明確に把握することができます。例えば，入学年度に新入生オリエンテーションやクラス開きを計画するなど，各時期の重要な業務を逆算して準備することができます。

　本稿では，スプレッドシート（©Google Inc）を使ったガントチャートによるロードマップを紹介します（次頁以降参照）。タスクの視覚的整理がしやすく，スケジュールや進捗をひと目で把握できます。その結果，担任システムの違いを超えてクラス運営が一貫し，業務に取り組めます。

3 ロードマップ作成のポイント

①**全体像のイメージ**：入学から卒業後までの全体像を明確にし，各段階での目標を体系的に設定します。授業や実習，課外活動などの各ステージで，ポリシー（DP・CP）に基づく修得目標を設定します。また，問題解決能力やチームワークなど社会人としての基礎力の育成も組み込むことで，専門知識や技術に加え，現場で即戦力となる総合力をもった人材を育成できます。

②**授業以外の時間の活用**：授業以外の時間も学びの機会として積極的に活用します。チームプロジェクトやグループ活動などの協働作業を取り入れ，学生同士が協力し合うことで，現場で必要なスキルを養います。これにより，リーダーシップやフォロワーシップ，多様な視点の理解など，現場で不可欠な能力をバランスよく身につけることができます。

4 ロードマップのメリット

①**進捗の可視化と明確な指針**：ロードマップを活用することで，学生と教員双方が学びの方向性と進捗状況を共有でき，学年ごとのやるべきことが明確になります。

②**適切なタイミングでの学生指導**：ロードマップを通じて学生の進捗状況を把握でき，適切なタイミングで必要な指導を行えます。

③**教員間の連携強化**：ロードマップの作成と共有は，全教員が一体となって取り組むことを促進します。そうすることで，一貫した指導が可能となり，教育効果が高まります。

④**透明性と責任感の確保**：計画を明確に共有することで，保護者等や外部関係者も教育プロセスを理解しやすくなります。その結果，学校全体の透明性が向上し，教員間の責任感も高まります。

（佐藤　淳）

2 入学前～入学年度の クラス運営ロードマップ

1 入学前～入学年度のロードマップ（ガントチャート）

2 入学前～入学年度のポイント

【入学前オリエンテーションと基礎学力の確認】

① **入学前オリエンテーション**：ここでは学校の規則や学習内容，カリキュラムの全体像，職業人としての基本的な心構え，今後の学びの重要性について説明します。さらに，学習における自己管理の必要性やクラスメイトとの協力の大切さを伝えることで，クラスの一体感を高めます。

② **基礎学力試験と学習フォロー**：入学後は基礎学力試験を実施し，個々の学力を把握します。これにより，学習において不安や苦手分野を抱えている学生を早期に発見し，適切な支援を提供することができます。具体的には，補習や個別指導を設けるなどして学力不足を補い，全員が一定の水準に達するようサポートします。

【クラスの団結と協働作業】
①**クラス目標・スローガンの設定**：クラス全体の目標やスローガンを学生とともに設定することでクラスメイト間の絆が深まり，共通の目標に向かい協力する姿勢が養われます。各学生が自主的に意見を出し合うことで，リーダーシップやコミュニケーション能力の向上が期待されます。
②**クラス開きとクラス役員決め**：学級委員やイベント係などの役員を選出して役割を与え，クラス運営を担わせることで，責任感とリーダーシップを醸成します。役員選出のプロセスが協働作業となり，学生同士の相互理解と信頼関係を築く機会となります。そして全員がクラス運営に参画し，目標達成を目指す文化を形成します。

【面談における信頼関係の構築】
①**初期面談と信頼関係の構築**：初期面談は，学生との信頼関係を築くための重要な機会です。教員は学生一人ひとりの背景や目標，学習に対する姿勢を理解し，丁寧に話を聞くことで学生が安心して学べる環境を整えます。この面談を通じて担任と学生の人間関係の土台づくりを行います。
②**定期面談の実施**：初期面談に続き，定期的に面談を実施し，学生の学習状況や生活面の課題を把握することで，問題を早期に発見し，適切なサポートを提供できます。また学生との信頼関係を強化するために，面談を通じて学生が自分の成長を実感し，前進できるよう支援します。

【保護者等との連携】
①**保護者等への定期連絡**：学生の学業や生活の状況について，定期的に保護者等に連絡し，学校と家庭が一体となって学生を支える体制を構築します。出席状況や成績が不振な学生については，早期に保護者等と情報共有を行い，家庭での支援を依頼します。保護者等が学校の教育方針や目標を理解し，協力的な関係を築くことで，学生の学習意欲がさらに高まることが期待されます。

（佐藤　淳）

3 中間年度のクラス運営ロードマップ

 中間年度のロードマップ（ガントチャート）

タスクのタイトル	担当者	完了度	前半							後半								
			4月	5月	6月	7月	8月	9月	10月	11月	12月	1月	2月	3月				
中間年度																		
オリエンテーション	未定	未着手																
クラス役員決め	未定	未着手																
クラス目標・スローガン設定	未定	未着手																
個別面談（適宜）	未定	未着手																
成績不振学生のフォロー（適宜）	未定	未着手																
再試験対象学生の面談／個別指導（適宜）	未定	未着手																
夏休み前後のLHR	未定	未着手																
夏休み中の集会／個別指導	未定	未着手																
保護者等への現状況・成績の報告（適宜）	未定	未着手																
粗暴成績通知，保護者等の対応・連絡	未定	未着手																
実習，実習報告会	未定	未着手																
冬休み前後のLHR	未定	未着手																
冬休み中の集会／個別指導	未定	未着手																
後期成績通知，保護者等の対応・連絡	未定	未着手																
進級認定会議	未定	未着手																
国家試験対策（既習範囲の復習問題）	未定	未着手																
実力確認テスト	未定	未着手																
春休み前のLHR	未定	未着手																

 中間年度のポイント

【学習の定着と成績向上】

①**基礎学力の再確認と成績向上**：中間年度は，前年度に学んだ内容の定着を図る重要な時期です。定期的な実力確認試験を通じて，各学生の学力状況を把握し，成績が低迷している学生には個別指導を設けるなど学力不足を補い，早期にフォローアップを行います。また，学業の進捗に応じた目標設定を行い，学生が自ら学び続ける意欲を高めます。

②**成績不振者への個別フォローアップ**：成績不振の学生には，個別面談を通じて学習の課題を明確にし，具体的な改善策を講じるとともに，再試験を含む学習支援の計画を立て，学生が自己改善に取り組めるよう導きます。また，学生が自信を取り戻せるよう，成功体験を積ませることも重要です。これにより全員が積極的に学習に取り組み，クラス全体の学力向上を図る

ことができます。

【クラス内での協働作業の重要性】

①**クラス目標の再設定と協働の推進**：中間年度では，前年度に設定したクラス目標の達成状況を振り返り，必要に応じて目標を再設定します。これにより，学生が自ら現在の状況を客観的に見つめ直し，次なる目標に向けた協働意識を高めることができます。具体的には，グループワークやプロジェクト学習を通じ，クラスメイト同士が協力して課題を解決する力を養います。このプロセスで培われた協力関係は，卒業後の社会人基礎力としても役立ちます。

②**集団指導の強化と協働**：夏休みや冬休みの前後に実施されるLHR（ロングホームルーム）では，集団指導を通じてクラス全体での目標達成を確認し，国家試験に向けた計画を立てます。また，長期休暇中も学生が学習を怠らないよう，グループ学習の機会を設け，互いに励まし合いながら学び続ける文化を育てます。学生は個々の学力向上だけでなく，クラス全体の成功を目指して協力する姿勢を養います。

【社会人基礎力の育成】

①**職業意識の向上と実習前準備**：社会人基礎力を高めるため，職業意識の向上を図る取り組みをクラス内で継続的に行います。特に実習前は，職業人としての責任感やコミュニケーション能力を養うための準備を行い，実習が始まる前に現場で求められるスキルやマナーについて指導します。

②**実習報告会とフィードバック**：実習後に開催する報告会では，学生が実習中に経験したことを共有し，他学年の学生も参加することで実践的な学びを広め，クラス全体のレベルアップを図ります。学生は自らの経験を振り返り，次なる学びへの意欲を高めます。

（佐藤　淳）

4 卒業年度のクラス運営ロードマップ

 卒業年度のロードマップ（ガントチャート）

タスクのタイトル	担当者	完了度	前期										後期											
			4月		5月		6月		7月		8月		9月		10月		11月		12月		1月		2月		3月
			前半	後半	前半	後半	前半	後半	前半	後半	前半	後半	前半	後半	前半	後半	前半	後半	前半	後半	前半	後半	前半	後半	前半	後半
卒業年度																									
オリエンテーション	未定	未着手																							
クラス役員決め	未定	未着手																							
クラス目標・スローガン設定	未定	未着手																							
個別面談（進studentsの）	未定	未着手																							
成績不振学生のフォロー（適宜）	未定	未着手																							
実習，実習報告会	未定	未着手																							
再試験対象学生の面談／個別指導（適宜）	未定	未着手																							
夏休み前後のLHR	未定	未着手																							
夏休み中の集任／個別指導	未定	未着手																							
保護者等への出席状況・成績の報告（適宜）	未定	未着手																							
前期保護者会，保護者等の対応・連絡	未定	未着手																							
国家試験対策・学内模擬試験	未定	未着手																							
国家試験対策・業者模擬試験	未定	未着手																							
模擬試験成績が伸び悩む学生のフォロー	未定	未着手																							
冬休み前後のLHR	未定	未着手																							
冬休み中の集任／個別指導（国家試験対策）	未定	未着手																							
後期保護者会，保護者等の対応・連絡	未定	未着手																							
卒業認定会議	未定	未着手																							
就職等の相談（卒業後）	未定	未着手																							
国家試験不合格者のフォロー（卒業後）	未定	未着手																							

2 卒業年度のポイント

【国家試験対策と就職活動の支援】

① **国家試験対策の強化**：卒業年度の最重要課題は国家試験の合格です。学内模擬試験や業者模擬試験を繰り返し実施し，結果をもとに個別の学習計画を立てます。試験に向けたメンタルサポートも重要で，学生がプレッシャーを乗り越え，自信をもって試験に挑めるよう，定期的なメンタルケアや励ましの言葉を提供します。また，全員が同じ目標に向かって協力し合えるよう，クラス全体のモチベーションを高める施策を講じます。

② **成績不振学生への特別支援**：模擬試験の結果などをもとに，成績不振学生には特別な支援を提供します。再試験の機会や追加の個別指導を設けることで学生が自信を取り戻し，最後まで諦めずに挑戦できる環境を整えます。

必要に応じて弱点克服に向けた特別講義を行うことも有効です。こうして全員が合格できるようクラス全体で協力し合う体制を築きます。
③**就職活動の徹底サポート**：就職活動も並行して行われるため，学生が自信をもって社会に出られるよう，徹底的なサポートを行います。具体的には，模擬面接や履歴書の添削指導を通じて，実際の就職試験に備えます。また，就職説明会への参加を促し，業界の理解を深めるとともに，将来のキャリアに対する明確なビジョンをもたせるよう指導します。学生一人ひとりが希望と適性に応じた就職先を見つけられるよう，個別相談も積極的に行います。

【クラス内での協働作業を通じたチームワークの強化】
①**クラス目標の達成に向けた協働**：これまでの学びを総括し，クラス全体で目標を達成するための協働が求められます。国家試験や就職活動など，学生が直面する大きな課題に対してクラスメイト同士で支え合い，励まし合う環境をつくり出します。具体的にはグループ学習や協働プロジェクトを通じ，学生たちが互いの強みを活かしながら目標達成を目指します。

❸ 卒業後のポイント

【卒業後のサポートとネットワークの構築】
①**卒業後の相談とキャリア支援**：学生が卒業後に直面する様々な課題に対しても，学校としてのサポートを提供します。国家試験の再受験が必要な場合や就職先での適応に悩む卒業生には，個別相談を通じて適切なアドバイスを行い，母校との絆を保ち続けます。
②**OB／OGネットワークの活用**：卒業後もOB／OGネットワークを活用することで，学生が社会人として成長し続ける環境を整えます。定期的な同窓会の開催を通じて，情報交換や人脈形成の場を提供し，卒業生が互いに助け合えるコミュニティを育てます。

（佐藤　淳）

5 スプレッドシート（ガントチャート）の利用方法と使い方

 書籍購入者限定　特典ダウンロードの方法

　本書籍の特典として，スプレッドシートをプレゼントいたします。以下の手順をご覧ください。

【特典ダウンロードの手順】

① **QRコードを読み取る**：右のQRコードをスマートフォン等でスキャンしてください。特典ページが表示されます。

② **Googleアカウントにログイン**：サイト内でGoogleアカウントのログイン画面が表示されます。アカウントをお持ちの方はログインを，お持ちでない方はアカウント作成をお願いします。

③ **スプレッドシートをコピー**：スプレッドシートをコピー（コピーを作成をクリック）して，ご利用ください。

【利用規約】

・特典の配付は書籍購入者に限りますが，個人利用の範囲内であれば共有しても問題ありません。商業目的での再配付や販売は禁止いたします。

スプレッドシートの共有方法と使い方

【スプレッドシートの共有方法】
① **スプレッドシートを開く**：スプレッドシートを開きます。
② **共有設定を開く**：画面右上の「共有」をクリックします。
③ **共有設定の変更**：「リンクを取得」セクションで，共有設定を「リンクを知っている全員」など適切なオプションに設定します。
④ **URLをコピー**：「リンクをコピー」をクリックしてURLをコピーします。
⑤ **共有先にURLを送信**：コピーしたURLをメール等で送信します。

【注意事項】
・共有設定は「閲覧のみ」や「コメント可能」など，必要な権限を設定してください。

【プルダウンリストの追加・削除・編集方法】
①プルダウンリストが設定されているセルを選択します。
②右上の「データ」タブをクリックし，「データの入力規則」を選択します。
③「データの入力規則」ウィンドウで，現在のリスト項目を確認し，必要に応じて新しい項目の追加や不要な項目の削除を行います。
④編集が完了したら，「保存」をクリックして変更を確定してください。

【タスクの追加】
①タスクを追加したい行の上，または下にある行番号を右クリックします。
②メニューから「行を挿入」を選択します。
③新しい行が追加されますので，そこにタスクの詳細を入力してください。

　その他Googleスプレッドシートの詳細な使い方については，「Googleスプレッドシートの使い方」と検索し，サポートページをご参照ください。

（佐藤　淳）

column

教員の「心の疲れ」をほぐす方法
〜宝物の薬はなんですか？〜

　教員の仕事は朝から晩まで学生のことを考えていることが多いです。あの学生は明日も登校できるだろうか，来週の解剖学のテストはみんな大丈夫だろうか，実習中のあの学生は無事に行っているだろうかなどなど，心配事の種は尽きません。さらには学科の運営上の業務の心配まで含めると心休まるときは少ないです。さてそんなとき，教員はどんなふうに心のリフレッシュをしているのでしょうか。またリフレッシュだけではなく，仕事へのモチベーションをどう保っているのでしょうか。私はいつも愛用している手帳に一通の手紙を入れています。もう10年以上前に卒業した学生が卒業式の日にくれた手紙です。便箋3枚いっぱいに書いてくれている内容は，入学時の出会いのときの印象から始まって，感謝の言葉がいっぱい詰まった手紙です。私は心が疲れたときには，一人になってその手紙を読むのが常です。その手紙を読んでいると，自然と当時の風景ややり取りが浮かんできます。決してよい思い出だけではなく，苦労させられた思い出や，うまくいかなかった出来事など，苦い思い出も浮かんできます。そんな記憶に身をゆだねていると自然に心がほぐれて楽になっていき，最後の感謝の言葉を読み終わる頃には，すっかり元気になっています。時には読む前以上にモチベーションが上がっているときもあります（実に単純な心理構造です）。結局のところ，私は学生と教員という仕事が大好きなのだということに気づかせてくれます。教員を続けている人たちは，きっと同じ思いをしているのではないでしょうか。学生に苦労させられながらも，その成長や感謝に嬉しくなり，よい思い出も大変だった思い出も，たくさん積み重ねて，自分の心の疲れをほぐす薬に変えているのではないでしょうか。私の場合は手紙ですが，メールだったりLINEの内容だったり，または記憶だったりと，人によって様々とは思いますが，そんな宝物のような薬を持っているのではないでしょうか。

（田中　敏彦）

Chapter 4

事例で解説！

クラス運営の基礎基本

入学前教育の目的と効果的な取り組み方

POINT
1 入学前教育の目的
2 入学前教育の運営
3 入学前教育の効果

 入学前教育の目的

　近年，入学試験選考において，学力だけではなく学生の意欲や高校生活でのクラブ活動やボランティア活動などの実績を評価して判断する総合型選抜など新たな選考方法が導入され，選考時期も早くなっています。また，入学予定者の多くが年内の選考試験に合格しています。早く合格が決まることの最大のメリットは，これから目指す資格取得に向けて，入学前教育によって学科に特化した学問に触れて学習できることにあります。その学習が職業意識を高めることにもつながり，課題に従って学習を進めることで学習習慣を身につけることもできます。各専門学校においても，様々な目的で入学前教育の取り組みがなされています。今回，上記の目的に加えて入学後の不安解消に向けた本校の取り組み例を紹介します。

 入学前教育の運営

　入学前教育の目的は，「1．職業意識を高め，学習習慣を図ること」「2．クラスメイト・教員との交流を深めて速やかに対応できる相談体制を築いて不安の解消を図ること」です。過去10年以上前より入学前教育を実施してい

ますが，内容や回数には差がありました。「担任紹介，自己・他己紹介」「3年間の学生生活について」「入学前自己学習課題の説明」「グループワーク」などを，昼休みを挟んで午前と午後に行っていました。しかし，目的を達成するには，実施時期や回数および内容の改善が必要だったため，回数を増やしました。担当者は，教務部長と各学科の新入生担任と副担任です。内容は，前記の内容に加え，「挨拶の練習」「担任・副担任のメールアドレス登録」「教員の臨床時代の説明と質疑応答」「毎回メンバー構成を変えての自己紹介とグループワーク」「在校生との交流」「骨標本を用いての学習」「課題の進捗状況の確認と質疑応答」など，1回あたり90分で行いました。

3 入学前教育の効果

選考試験を受験するタイミングに違いがあるため，入学前教育を複数回実施することで，全員が一度は参加する結果となり，入学前教育の目的を意識してもらう機会が得られたと考えます。また，入学予定者のアンケート結果（回答率100％）は以下の通りでした。

Q1．今後の学習内容について 「よく理解できた」27％，「理解できた」67％，「少し理解できた」6％，「理解できなかった」0％

Q2．今後の学校生活に対する不安について 「解消した」33％，「少し不安がある」50％，「不安がある」10％，「もともと不安はない」7％

Q3．新入生同士の交流について 「よかった」77％，「普通」23％，「よくなかった」0％ Q4．教員との交流についてはQ3の結果と同じ

Q5．1回あたりの時間（90分）について 「満足」77％，「短い」0％，「長い」23％（要望は50分，60分の順で多かった）

その他，感想で多かったのが「在校生との交流がよかった」「参加することで，勉強面や友達に関する不安が解消できた」でした。不安は，真剣に向き合う姿勢の表れです。継続的なフォロー，サポートが必要で，入学前教育の効果は，得られた情報への対応で決まると思います。

（植野　英一）

2 入学前教育における学生の
マインドセットとICTの活用

POINT
1 学生の心構えをつくるマインドセット
2 対面とオンラインを併用したハイブリット教育
3 Web学習の効果的な利用

 学生の心構えをつくるマインドセット

　入学が決定している学生には，入学前教育を11月から開始しています。本校の入学前教育は計5回予定しており，第1回目の入学前教育は対面形式で開催し，その後はオンラインにて開催しています。また，同日に保護者等への説明会も実施しています。初回の入学前教育では第2回目以降で使用するテキストや，Web学習の方法等についての説明を実施しますが，既に入学が予定されている学生にとっては同じ志をもった仲間との顔合わせの機会や不安を解消する機会にもなっています。また，第1回目の入学前教育ではクラスのソーシャルネットワークなども作り，その後の情報交換もスムーズに行えるように配慮をしています。本校の入学前教育の大きな目的は「マインドセット」です。入試にて合格が決定した入学予定者はほとんどが高校生であり，翌年度の入学式まで約半年間あるため，いかにモチベーションを保ち，気持ちを担保したまま4月を迎えるかがカギになります。1年次の低い退学率には，このような取り組みが重要になります。なお，最後に予定している第5回目の入学前教育では，入学直後である4月に沖縄県で実施予定の海洋リハビリテーション研修（3泊4日）のオリエンテーションなども行っています。その際には先輩からの助言等もいただき，先輩と関わることも気持ち

をつくり・整える「マインドセット」の機会になっています。

② 対面とオンラインを併用したハイブリット教育

　入学までの期間を有意義に活用するために，先取学習として解剖学の「骨」から学習を実施しています。第1回目の入学前教育にてテキストを配布し，課題と期日を提示します。第2回目以降はオンラインにて行い，対面とオンラインを併用した，いわばハイブリット教育を行っています。テキストは「ぬりえで学ぶヒトのからだ」（図1）を使用しており，Webにて予習を行った後に授業を行っています。授業終了時には次の課題の範囲や期日等の確認，次の入学前教育の日程などの確認も必ず行うようにしています。なお，講義後遠隔で小テストなども実施しています。このような取り組みは「覚えることを覚える期間」であり，入学後慣れない解剖学の学習等に大きくつまずき，ドロップアウトすることを防ぐ配慮です。

図1　ぬりえで学ぶヒトのからだ

③ Web学習の効果的な利用

　入学前教育ではテキストのみならずWebによる学習も実施しています。Web学習（図2）は，課題に取り組んでいる入学予定者とそうではない入学予定者を瞬時に教員が把握することができます。その結果，早期に入学予定者の傾向を捉え，入学後の対策を検討することができています。特に，課題への取り組み方がわからない学生には注目し，多くの入学者の中から入学後優先的に面談をし，学習方法や学習習慣の確認を実施しています。

（櫻井　直人）

図2　Web学習

安心で安全なクラスづくり

POINT
1 競い合いから助け合いへ
2 「強み」と「弱み」をシェアする
3 安定が生み出す効果

 競い合いから助け合いへ

　入学式の新入生を見ると，入学試験のときから印象が大きく変わった学生が少なくありません。一番の変化は髪色ですが，その新しい髪色と新入生の所作とのアンバランスさが目立つほど，彼らの「過去の自分から変わりたい」という気持ちが強く表れていると感じます。新１年生たちは多くの夢を抱いており，その夢を実現する方法を模索しています。このため，クラス開きの際には，その「変わりたい」という気持ちを尊重し，失敗を恐れずに何度もチャレンジできる雰囲気をつくることを大切にしています。さらに，本校は医療系専門学校であり，卒業学年になると国家試験があります。高校までと異なり，この国家試験では合格点を取ることで全員が資格を取得できます。入学後のオリエンテーションでは，「人と競うのではなく，全員が国家試験に合格するために助け合うこと」を学生たちに伝えます。その結果，学生たちの表情が和らぎ，クラス全体が柔らかい雰囲気になるのを感じられます。

　変わりたいという思いの裏側には，他人からの評価や期待に対するプレッシャーが隠れていることも多く，そのような不安はストレス要因となり，バーンアウトにつながってしまう学生も少なくありません。だからこそ，安心して自分を表現できる環境をつくることが非常に重要だと考えています。

② 「強み」と「弱み」をシェアする

　自分の「強み」と「弱み」を考えてもらい，クラスでシェアします。「強み」は頼ってもらってよいこと，「弱み」は手伝ってほしいことを開示すると，自分の苦手を隠す必要がなくなり，自然体でいられるようになります。

　例えば，ある学生は「誰とでも仲良くなれる」という「強み」と，「片付けができない」という「弱み」がありました。この学生は普段から人当たりがよく，周囲から愛される存在ですが，授業資料の整理が苦手で，ロッカーも整理されずに物が溢れてしまうほど片付けが苦手でした。しかし，この学生がクラスメイトに自分の「弱み」を開示していたため，周囲の学生たちは一緒に片付けを手伝ってくれました。また，この学生の「強み」を活かし，オープンキャンパスの運営学生を任せたところ，参加した高校生たちから好評価を受け，2年間も運営学生を担当し続けてくれました。「強み」と「弱み」をクラスでシェアすることによって，学生たちはお互いに理解し合い，支え合える環境をつくることができると考えています。

③ 安定が生み出す効果

　本校は対人援助職を養成する学校であり，他者へ貢献できることが求められます。他者への貢献は自身の心と体の安定があって成し遂げられるものであるため，学生にまずは自分で自分を満たすことの大切さを伝えます。そして，教員も親のように学生にたくさんの愛情を注ぐことが大切です。（右図）

学生に愛情を注ぐ

　学生が心理的に満たされれば，クラスの安心と安全にもつながっていき，自然と他者へ貢献できる力が芽生えていくと考えています。

[参考文献] 大平美津子・井上尚美・大月恵理子・佐々木くみ子・林ひろみ『母性看護学Ⅱ　マタニティサイクル　母と子そして家族へのよりよい看護実践』南江堂，2012　　　（中陳　寿枝）

安心して過ごせる体制づくり

POINT
1　入学前学習会で入学前から顔見知りに
2　学生便覧の読み合わせはしっかり行う
3　クレドとは何か？教員の思いを伝えよう

 入学前学習会で入学前から顔見知りに

　入学前に2～3回入学前学習会を実施していくことを推奨しています。

　入学前学習会の目的として，①学びへの動機づけ　②入学後必要となる専門知識習得の準備，などが挙げられますが，一番の目的は入学前から学生と顔見知りになることが大事だと考えています。

　入学前学習会では主に学校についてのガイダンス，目指す資格についての職業理解，学習課題として骨・筋肉・関節の動きなどの基礎医学を学んでいますが，アイスブレイクなどの時間を多くとってもよいと思います。2回目3回目になると一緒に登校するなどの行動も見られ，4月の入学式には緊張せず溶け込んでいる印象を受け，私たちも安心です。

 学生便覧の読み合わせはしっかり行う

　オリエンテーションでは学生便覧の読み合わせ・教室案内・クラスの係決め・遅刻や欠席の連絡手段などを伝えていきます。特に重要である学生便覧の読み合わせに関してお伝えします。

　授業への心得や学校の決まりごとは学生便覧に記載されています。授業や

出欠席だけでなく，試験や進級に関わる事項について学生が理解しておくことは大切であり，学校共通の決まりを理解することでクラス運営が促進されます。また近年，大地震への対策や感染症対策についての記載もされていますので，こちらの確認もしっかりとしておくとよいでしょう。学生の窓口として学校相談室の有無，メンタルヘルスについて，各ハラスメントの対応などを紹介しておくと学生も安心すると思います。

③ クレドとは何か？教員の思いを伝えよう

クレド（Credo）とは学校の基本理念のうち，教員の仕事に向かう信念を内外にわかりやすく伝えるものと理解されています。元々クレドはラテン語で「信じる」という意味をもつ単語であり，学校の行動指針として「教員が学生を理解し寄り添うこと」「学生が教員や授業を信じ，仲間と高め合うこと」が伝わるように表明していきます。教員については，クレドを掲げることによって倫理観が統一され，担任まかせのクラス規則ではなく，学校全体の規則を学生へ浸透させることが期待できると思います。こちらの土台があるなかで教員の思いを伝えることや，クラス目標などをつくってもよいかもしれません。

（角本　裕之進）

セムイ学園が掲げるクレド（学校の基本理念）

二国籍から多国籍に渡る国際的なクラス運営

> **POINT**
> 1 翻訳機を使った交流
> 2 教員中心の交流
> 3 多国籍による自律的交流と課題

 翻訳機を使った交流

　介護福祉士として将来日本で働く留学生が入学し，クラスの半分が外国人留学生となりました。国籍や言葉の壁によるクラスの二分化を懸念し，現在までいろいろな取り組みを行っています。

　留学生は日本語能力に大きな差がありました。授業や同級生との自主的な交流を目的とし，携帯型翻訳機を２台置いて自由に使用できる環境にしました。また，教員も授業で翻訳機を使用し，学生が話しやすい雰囲気をつくるため，担任が率先してクラスの会話の中心にいることを心がけました。授業では，できる限り国籍が偏らないように配慮したグループワークを取り入れました。

　翻訳機を使った効果としては，一緒に食事をするなど交流のきっかけになったことがあげられます。懸念していた国籍の壁はあまりなく，個人の性格の差を含む個別性の高い，普通のクラス運営に近いものとなりました。しかしその一方で，留学生の日本語が全く上達しない結果を招きました。日本で働くことになる介護福祉職としては必須言語であり，夏休み以降，翻訳機の使用は一切やめました。使用をやめてからも交流は続き，むしろ日本語で話そうという意識が芽生えたように思います。

② 教員中心の交流

　翌年は，入学生の半数以上が中国人留学生となりましたが，前年度よりも日本語レベルが高かったこともあり，翻訳機は教室に置かないことにしました。理由は，ある程度通訳ができる留学生がいたこと，さらにクラス内で口下手ながら配慮ができ，相手の感情を汲み取ろうという明確な意志がみてとれたからです。教員が会話のきっかけをつくり，交流を促せば，学生主体で交流が持てていました。また，バスで学校から離れた場所にいくレクリエーションなどで交流しやすい機会も設けました。

　とはいえ，積極的に日本語を使う姿勢は少なく，学外で関わるほどの親密な交流までには至っていません。今後は学外でも交流が増え，日本語力も向上することを願っています。

③ 多国籍による自律的交流と課題

　留学生をクラスに受け入れるようになってから数年が経過しました。現在は日本を含め5か国からの入学生が在籍しています。多国籍となると，共通言語は日本語しかありません。グループワークでも必ず国籍が3つ以上となります。よって，日本語による交流は今年度が一番活発です。また，明るいキャラクターの学生が多く，日本語で冗談を言うなど活発なコミュニケーションと友人関係ができています。

　授業は留学生にわからない言葉がないかの確認もしつつ進みます。漢字圏ではない留学生もいるため，授業進度は最も遅いといえます。日本人からすると授業の進度が遅く，学習意欲がなくなってしまわないかという心配があります。今後は，多国籍であることの相違点を理解したクラス運営を目指し，個人学習の時間を増やすなど，様々な工夫が求められていくと思います。

（藤井　一磨）

1，2年生のクラスづくりと留学生へのサポート

1　1年生には現場のイメージと憧れをもたせて
2　2年生にはモチベーション維持を
3　留学生が取り残されないサポート体制

 1年生には現場のイメージと憧れをもたせて

　入学試験の際に面接を行いますが，短時間で全ての性格特性を把握することは難しいです。入学後，時間が経つにつれてクラス全体の雰囲気や学生同士のグループ形成が進み，クラスの特性が初めて明らかになります。そのため，毎年クラスの雰囲気は異なります。また，留学生の数や出身国，日本語能力によってもクラス運営の方法が変わります。

　1・2学年の交流を深めるために，2年生によるレクリエーション交流会を入学後すぐに行います。レクリエーションの内容や段取りは2年生が立案し，1・2年生全員が楽しく学生生活を過ごせるよう工夫しています。学年を超えた交流はクラスの雰囲気づくりによい影響を与え，教員も参加して盛り上げています。

　授業では，1年生のときに介護福祉士の仕事を理解することが重要です。介護サービスの現場をより深く理解してもらうために，各施設・事業所で勤務している卒業生による特別授業を行っています。これにより，学生たちは将来の就職先や介護福祉士の働く現場のイメージを具体的にもつことができます。入学当初は不安や緊張を抱えていた学生たちも，次第に介護福祉士になりたいという思いが強まっていきます。

② 2年生にはモチベーション維持を

　2年生は，1年生で学んだ基礎的な知識をもとに介護福祉士に関する理解が進んでいますが，国家試験や就職活動に向けたモチベーションの維持など，様々な課題を克服する必要があります。最終的な目標は介護福祉士資格の取得です。教員は模擬試験の問題や学習の進捗，スケジュールの確認を行い，学生をサポートします。同時に，クラスの特性を活かして学生のエンパワメントを向上させることも目標としています。

　2年生の初めには，年間スケジュールを学生に理解させ，集団で動くか個別に動くかを判断させます。1年生で培ったクラスの雰囲気を活かし，互いに教え合い，励まし合いながらクラス全体が一つになるようにしています。

③ 留学生が取り残されないサポート体制

　国家試験は日本人と同じ内容で出題されるため，漢字にルビがついていても言葉の意味を理解していなければ問題を解くことは難しいです。母国語に翻訳が難しい日本語もあり，留学生にとっては大きな課題となります。特に積極的に話しかけられない留学生には，日本人学生からのサポートが必要で，クラスメイトの助け合いが重要です。

　授業や演習・実習などグループで行う際には，留学生が一人だけにならないよう配慮しています。また，場合によっては留学生グループをつくり，教員が補佐としてグループに入り，早期に理解しやすいよう心がけています。クラス全体のサポートにより，留学生もクラスの雰囲気になじむことができます。教員として，異年齢・異国籍の学生を同時にクラスで受け持つことは大変ですが，社会環境の変化に応じて学生自身がつくり出す雰囲気を大切にしたクラスづくりを心がけています。

（三原　めぐみ・義山　法男）

7 学生のモチベーション維持につながる効果的なクラス運営

POINT
1. クラス全体および個人の目標設定を行う
2. ホームルームを活用した学生主体の教育活動
3. 安心できる環境づくりと信頼関係の構築

1 クラス全体および個人の目標設定を行う

　学生が専攻分野に興味をもち，積極的に学習を続けるためには，目標設定が不可欠です。年度当初のホームルームではまず教員が学年ごとの方針（CP）を示します。その後，学生は方針をもとに話し合いを行い，クラス全体の目標を設定します。また，面談を通じて個人目標を設定し，定期面談などで目標達成度を確認していきます。これにより学生は自ら進んで学ぶ力を育み，内発的動機付けを生成し，モチベーションの維持につなげます。

目標設定

2 ホームルームを活用した学生主体の教育活動

　学生が主体的に考え，行動できる教育活動を企画することも重要です。初

年度からホームルームを活用し，グループ学習を導入します。学生は自らスケジュールを作成し，ルールを決めるなどの取り組みを行います。学年が上がるにつれて段階的に教員の援助を減らし，学生の主体的な学びを促進します。また，少人数チームで活動することで各自が自分の役割を認識し，互いに助け合いながら集団への帰属意識を高め，「私が」ではなく「私たちが」という仲間意識の醸成を目指します。さらに定期試験後や夏季・冬季休業前には「お疲れさま会」を開催し，リフレクションや今後の抱負を述べる機会を設けることでモチベーションの維持につなげます。

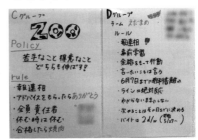

グループ学習を取り入れて仲間意識を醸成

③ 安心できる環境づくりと信頼関係の構築

学生が安心して学び，成長を続けられる環境づくりは不可欠です。本校では「学生と教員との距離がいい意味で近い」という特徴を生かし，職員室に気軽に来られる環境を整えるだけでなく，教員が積極的に教室に足を運ぶことで，学生が安心して意見や相談をしやすい雰囲気をつくっています。また，定期的な面談を通じて学生の不安や悩みを解消し，学生と教員間での信頼関係を築くよう努めています。ここでは具体的でポジティブなフィードバックを提供することで学生の自己認識を促し，モチベーションの維持につなげます。さらに，全学年共通の面談シートや学内チャットツールなど，ICTを活用することでタイムリーな情報共有を実現し，DX化に向けた取り組みも進めています。

（窪谷　和泰・佐藤　淳）

8 「常にチームで」を基本とする学生対応

POINT
1 ゼミ担任制による縦割りクラス
2 教員同士の協力体制と迅速な対応
3 ゼミ担任によるフォローアップと信頼関係の構築

 ゼミ担任制による縦割りクラス

　本校はゼミ担任制を採用しています。ゼミ担任制とは，学年ごとに担任を配置するのではなく，学年ごとに小グループに分け，1年生から3年生を一緒にした縦割りのクラスのことです。
　ゼミ担任から，元気がない学生やいつもと違う様子の学生に対し，どのように対応したらいいか，学科内へ情報発信することが多いです。また，専任教員は全学年の授業に関わり，実習担当で学生と関わる機会を設けているため，気になる学生がいる場合，ゼミ担任以外から授業中の学生の様子を情報発信することもあります。

 教員同士の協力体制と迅速な対応

　気になる学生がいる場合，雑談風に教員同士が意見交換を行ったり，朝のミーティングを活用したり，しっかりと時間をかけて話し合いをする場を設けています。先延ばしにしないで，すぐに話し合いをするように心がけています。その対応方法の例としては，校長も含め教員全員がその学生に対し，いつもより多く声かけをしたり，話を聞くこともあります。新たに得た情報

はその都度，教員同士で情報共有していきます。

　複数の教員が対応する場合，一人が核心をついて指導する内容を話し，もう一人は学生のフォローアップをする役割について事前に話し合い，面談に臨んでいます。ゼミ担任が学生のフォローアップをする役割が多いです。

　また，ゼミ生のつながりがあることで先輩から後輩へ学校生活のことや，勉強の仕方，実習に向けての準備などのアドバイスを行い，これからの学校生活の不安を軽減し，学校生活の継続につなげています。先輩からアドバイスを受けた学生は，自分が上級生になったときに自分と同じように困っている学生に対し，自ら声をかけるケースもあります。教員だけでは学生をフォローするのが難しい部分もあり，その部分について学生の力を活用しています。その結果，上級生は下級生の面倒を見ることで，教える力や広い視野がもてるようになります。そして，アドバイスを受けた後輩は安心した学校生活が送れるようになり，学生自身の成長へつながっています。

同じゼミ生の3年生と1年生の情報交換会

③ ゼミ担任によるフォローアップと信頼関係の構築

　ゼミ担任が学生をフォローアップする役割を担う理由としては，学生とゼミ担任はこれまでの信頼関係が構築されているため，ゼミ担任がフォローアップをすることで学生の精神面が落ちつき，指導を受け入れやすい環境をつくることができるからです。そして，このことがゼミ担任と学生との信頼関係を保つことにつながります。

(飯島　英幸)

9 学生主体の学習支援

POINT
1 近年における学生の特徴
2 用語の結びつき支援
3 学年縦割り教育

 近年における学生の特徴

近年における学生には,以下の特徴があると言われています。
肯定的要素:素直な面がある。要領がよい。鋭い感性をもっている。
否定的要素:保守化が進み,安定状態を求め,自己防衛的。
　　　　　　　ストレスに弱く,負荷がかかるような場面を耐えることができず,すぐ休んだり,他者との均質化を求める。性格的に淡白,すぐにあきらめる。など

上記の特徴をもつ学生に対し,教員が学生の頃に受けてきた教育が当てはまるかというと一概には当てはまらないと思います。ここでは,このような特徴のある学生に対してどのような支援をする必要があるか,実際に行った事例をもとに紹介したいと思います。

 用語の結びつき支援

学生は,高校生活までに知り得る語彙に加え,専門学校卒業までに約8000語の新しい(専門)用語を覚えないといけないと言われています。学びが進むと同時に学生からは「科目ごとに新しい言葉を学んでいるけれど,それぞ

れがどのように結びついていくのかがわからない」という難解さが生まれてきます。結びつきがわからない状態で留まっていると，新しい用語に対し，拒否反応が出てしまう学生も多いように感じます。学生を支援していくなかで今悩んでいることが，どの段階で理解ができていないのか，その道筋を一緒に辿って修正していくことが必要かと思います。また，各担当科目授業内においても，他科目ですでに学んでいることやこれから学ぶことを復習として盛り込み，学生に物事のつながりを意識させることも効果的だと感じます。

③ 学年縦割り教育

　専門学校の一般的なカリキュラムは，1年生は医学基礎科目，2年生は専門科目，3年生は国家試験対策や長期実習が主となることが多いかと思います。在学時は，同じ学年のクラスメイトと学ぶことが多いかと思いますが，学年をまたいだ授業を取り入れることで先輩・後輩の関係性の構築ができ，教員以外で学習サポートのメンターとなる先輩が生まれることもあります。

例）科目「リハビリテーションセミナー（実習対策）」
　　　　　　　　　　　　　　　1年生（被検者役）×2年生（検者役）
　①模擬患者を想定した1年生に対し，2年生が各検査を実施。
　②2年生が1年生に実施検査の内容について説明。
　③1年生が2年生に検査測定実施時のフィードバックを行う。
　④2年生が1年生に実施した検査測定のレクチャーを行う。

　この縦割り教育をきっかけに学年をまたいだ交流が始まります。また，1学年の早い時期に取り組むと，理想の先輩像をもつ学生も増え，学習を続けるためのモチベーション向上にもつながっていると感じます。

[参考文献] 公益社団法人日本理学療法士協会『臨床実習教育の手引き　第6版』

（井黒　萌）

10 学生自身が気づく個別学習指導の必要性

> **POINT**
> 1 全体指導も個別指導も主体性のある学習を目指す
> 2 全体指導の中から自身の学習進捗状況に気づかせる
> 3 学びの必要性の気づきから個別学習指導につなげる

 全体指導も個別指導も主体性のある学習を目指す

　みなさんは「個別学習指導」と聞くとどのようなイメージを浮かべますか。教員が一方的に学生へ指導しているイメージを浮かべる方もいれば，職員室や自習室で学生とディスカッションをしているイメージを浮かべる方もいらっしゃるかもしれません。では，個別学習指導が必要な学生とはどのような学生でしょうか。そして，みなさんは個別学習指導が必要な学生に対し，どのようにその必要性を伝え，個別学習指導を導入しているでしょうか。学びはアクティブ・ラーニングをはじめとする「主体性のある学び」が重要であることは周知のとおりですが，個別学習指導のみ強制的かつ受動的な学習になっていないでしょうか。例えば，授業ではアクティブ・ラーニングを導入しているにもかかわらず，成績不振学生においては個別に強制的に指導している……。これは北風と太陽の如く，本当の学びにつながっているかというと疑問が残ります。そこで本稿では，個別学習指導の具体的な方法ではなく，学生本人が自身の学びの進捗に応じ，主体的に教員へ個別学習指導を求めるためにはどのようにすべきか，実践している指導方法を紹介いたします。

② 全体指導の中から自身の学習進捗状況に気づかせる

　全体の授業では「与える・教える」から「主体性・学び合い」をキーワードに設計します。著者は，アクティブ・ラーニング，シンク・ペア・シェアを導入しています。授業のテーマに沿って学生自身がまとめた内容を他者に教えます。ペアで行いますので，他者がまとめた内容についても教えてもらいます。そこで，他者と自身の学びの進捗状況の違いに気づくことができます。互いに教え合った内容がそのペアで理解できればいいのですが，それでも解決できなければ，ペアを拡大し，他のペアから教えてもらいます。ここでも他のペアと自分たちのペアの理解の違いや学びの内容の違い，つまり学習進捗状況の違いに気づくことができます。

③ 学びの必要性の気づきから個別学習指導につなげる

　自身の学習進捗状況に気づくと，ほとんどの学生が学びの必要性を感じます。この学びの必要性には２つのパターンがあり，一つは他学生と相対的に学びが「足りない」から学習が必要というパターン，もう一つは教え合うことで，他者へわかりやすく説明するために「さらに」学びが必要というパターンです。学び合った学生たちは，学生間で解決できなかったことを主体的に教員に指導を求めるようになります。そこで個別学習指導へつなげていきますが，職員室や自習室で行うのではなく，基本的には授業中に（他学生が見える形で）個別学習を行うことで，他者が学んでいる姿をシェアすることができ，学び方を学ぶことにつながっていきます。個別学習指導を受けるハードルを下げるという目的もあります。個別学習指導だから一対一（個別）で指導するだけではなく，個別学習指導をみんなでシェアしていく必要もあると考えています。個別学習指導であれ，学生たちがより主体的に学ぶことができるように，今後も様々な工夫を加え指導していきたいと思います。

(松尾　康弘)

新入学生から始める学習習慣の定着法

POINT
1　調べ学習とスマートフォンを使った学習内容の共有
2　学生の多様性に合わせた学習方法の開発

調べ学習とスマートフォンを使った学習内容の共有

　本稿では，新入学生への学習指導についてご紹介します。

　本校言語聴覚士科では，勉強方法の確立，学習習慣定着，国家試験合格率の向上を目的に，新入学生から国家試験対策を実施しています。最終学年になると「1年生から国家試験の勉強を実施していればよかった」という後悔をよく耳にします。学生も教員も後悔しないよう国家試験対策に力を入れた指導を実践しています。

　具体的な方法として2つあります。1つ目は国家試験過去問題の調べ学習です。毎週，教員が基礎的な過去問題を分野別に5問抜粋し，学生に配付します。学生は問題文や選択肢のわからないところを全て調べ，解説ノートを作成し提出するというアナログな方法で実施しました（写真1）。教員は週1回解説ノートを回収し，アドバイスや質問の解答などを記入して返却します。また，調べ方やまとめ方が上手な複数の学生のノートを写真に撮り，PowerPointに貼

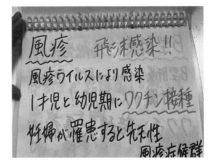

写真1　解説ノート

り付けたものを印刷し，クラス全体に配付しました。調べ学習の方法はＡ４の用紙にわからない単語を書き，自分の言葉でまとめています。

　２つ目はGoogleフォトを使用した方法です。学生はスマートフォンで学習内容を撮影後にアップロードし，教員と学習内容を共有します（写真２）。進捗状況を確認することができるため，より的確な個別対策が実施できました。

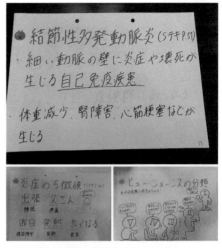

写真２　学習内容を撮影して教員と共有

② 学生の多様性に合わせた学習方法の開発

　国家試験勉強導入直後から，学習習慣のなかった学生に教え合う姿が見られるようになりました。見本となる学生のノートを配付したことで，まとめが苦手な学生はノートを模倣し，学習方法を確立できたという事例もありました。学習内容を共有することで，学生は「教員が見てくれている」という意識になり，モチベーションの向上にもつながりました。一方で学力差や進捗状況の違いが生まれました。ICT（情報通信技術Information and Communication Technology）を使用した方法が馴染まず，ノート作成をメインに実施した学生もいました。

　結果として国家試験対策を継続できた学生は，学内・全国模試でも上位の成績を修めました。また，新入学生のときに学習習慣のなかった学生も，国家試験への意識づけができました。これらの学生も最終学年では主体的に受験勉強を行い，国家試験に合格しています。今後も学生の多様性に合わせた学習方法を導入したいと考えています。

（室内　拓也）

臨床現場で自立して学べるための個別学習指導

POINT
1 徹底した指導の個別化
2 指導の個別化から学習の個性化へ
3 適切な声かけと課題の提供

 徹底した指導の個別化

　医療系資格の取得を志す学生において，資格取得はもちろんのこと，その後の臨床現場において自ら学習し知識・技術をアップグレードしていくことは大切なことです。これらはモチベーションに左右されることのない，「学習習慣」として身につける必要があります。そのためには，それぞれの学生に合わせた指導の個別化を徹底し，学生が興味や関心をもつ分野などを探索しながら学習を個性化していくことが大切です。

　徹底した学習指導として，まずは原因の追究を行います。何が原因で成績が伸びないのでしょうか。勉強ができないのでしょうか。

❷ 指導の個別化から学習の個性化へ

　学生一人ひとりに応じた活動や問題に取り組む機会を提供します。学生が自分たちに対して自ら働きかけ，新たな問題を見出して探究的に学び続けることができる環境を整えます。

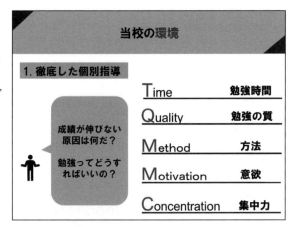

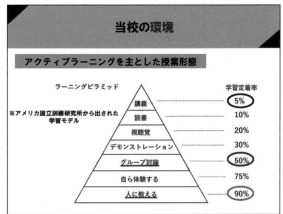

❸ 適切な声かけと課題の提供

　教員は適切なタイミングで適切な言葉かけを行い，学生の思考に働きかけます。発問や質問を通じて，学生の思考を促し，自立した学習者へと育てていきます。このようなアプローチを通じて，自立した学習者を育てるための基盤を築いていくことが大切です。

（木幡　博人）

13 学習習慣が定着する情報通信技術の活用法

POINT
1 タブレット端末とGoodnotesアプリを用いた学習
2 Goodnotesによる効果的なノート作成

1 タブレット端末とGoodnotesアプリを用いた学習

　本稿では，情報通信技術（以下，ICT; Information and Communication Technology）を活用した国家試験対策の取り組みについて紹介をします。

　本校では，ICT委員を主体としたICT教育を推進しています。その一例として，学習用タブレット端末を用いた学習の有用性を提唱しています。使用するものは，タブレット端末に加え，タブレット用タッチペン，Goodnotes（アプリケーション）のみです。Goodnotesはタブレット端末内でノートの管理をすることが可能で，汎用性の高いノートアプリです。

　例として，普段の取り組みの様子を写真1に示します。タブレット端末からプロジェクターを通して出力された画面をホワイトボードに投影することで，画面の共有が可能になるほか，直接ホワイトボードに書き込みができるため，学習意欲の向上につながっています。

写真1　タブレット端末を用いた学習の様子

② Goodnotesによる効果的なノート作成

　図１aは，勉強開始当初の実際にまとめたノートで，図１bは，指導後にまとめたノートになります。図１aでは，解説が丁寧で一見きれいにまとまっているように見えますが，このノートをまとめた２日後には，ノートの内容をほとんど記憶していない状態でした。この理由は２つあります。一つは復習をしていなかったこと，そしてもう一つは効率的にインプットができていなかったことです。

 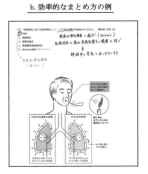

図１　Goodnotesを用いたノートまとめの例

　図１aでは，無駄な情報が多く情報が整理されていません。一方で，図１bでは，図が効果的に用いられているため，視覚的理解につなげやすく，記憶定着が図られやすいように工夫されています。アウトプットの頻度や質も重要ですが，本事例のように効率よくインプットすることで学習効率を高める効果が期待できます。また，学習習慣が定着していない学生が，タブレット端末を活用して一人で問題を解くのは大変な労力であり挫折することも考えられました。そこで，対象学生の近くで同じくタブレット端末を活用して勉学に励んでいる学生の協力を経て，グループ学習に取り組んでもらいました。その結果，自宅学習をすることが全くなかった対象学生が毎日自宅で学習するようになり，模試の結果も下位から中位や上位に定着できるようになりました。このように，タブレット端末を用いた学習は学習定着を促す一つのツールであることが本事例から示されたため，今後もICT技術を活用した新たな教育方法の実践に取り組んでいきたいと考えています。

（中尾　学人）

14 ゲーム感覚で楽しく取り組む国家試験勉強

> **POINT**
> 1 オリジナルゴロを作成して「ゴロゴロ選手権」を開催
> 2 「染色かるた」で染色名を覚える
> 3 変化する学生に合わせ教員も考え方に変化が必要

 オリジナルゴロを作成して「ゴロゴロ選手権」を開催

　授業のなかで「覚えること」は山ほどありますが，少しでも楽しく覚えることができるような方法を学生に提案しています。国家試験対策授業で「ゴロゴロ選手権」を開催しています。国家試験に関わる重要な事柄について学生にオリジナルのゴロを作ってもらい，授業の中で発表し表彰しています。そして，集まったゴロを「ゴロ集」としてまとめ（過去の分も），代々のゴロを学生に配布しています。授業中に「この部分が大切だから，ゴロをぜひ作ってほしい」とアピールしたり，授業の際にその内容に関係するゴロを盛り込んだりして使用しています。

 「染色かるた」で染色名を覚える

　20数種類の染色名と染色結果，染色に使用する試薬を覚えなければならない科目があるのですが，その覚えるための教材として「染色かるた」を配付しています。表面にはそれぞれの染色標本の写真，裏面にはその染色名，試薬名などを記載したカードです。一人で単語帳のように使えますし，読み札も作成してあるので，学生同士でかるたのようにゲーム感覚で楽しみながら

覚えることもできます。まずは写真を見たら染色名が言えるように覚えてもらい，すべて覚えたら教員のところにチャレンジにくる，というゲームもしています。合格者にはスタンプを押していくカードを渡したところ，学生同士で競い合ったり，一緒に練習する姿も見られるようになりました。

そのほかに，授業で重要な部分の短い説明動画を作成して，YouTube にアップしています。5分程度の短いものにしてあるので，学生は空き時間に見たり，繰り返し確認することができます。

❸ 変化する学生に合わせ教員も考え方に変化が必要

これらの取り組みに効果があるのか，結果に結びついているのかは取り組み途中であり，まだよくわかりません。しかし，今までと同じことをしていても近年の学生には受け入れてもらえないということは感じています。学習習慣がない，国家資格取得に対してのモチベーションが低い，勉強に対して受け身，与えられて当然と考えている学生が増えてきているなかで，教員もその学生状況を受け入れ，できる限りの工夫をして結果につなげていくことが大切だと考えています。

ゲーム感覚で覚える！染色かるた大会

（松林　こずえ）

模擬試験の得点予想で自己分析能力アップ

POINT
1 「成績伸びなやみの学生」あるある
2 「模擬試験で何点とれるか予想」やってみた
3 「自己分析能力」あげあげ♪

 「成績伸びなやみの学生」あるある

　成績が伸びなやむ学生の多くが模擬試験の結果について，点数を見るだけで効果的な分析となっていないことが多くあります。特に成績伸びなやみ学生は「国家試験の概要について理解できていない」「自分の実力（理解度）がわかっていない」などが見受けられます。国家試験の全体像はなんとなく把握しているが，具体的にどんな分野から何問くらい出題されているのか理解していない状況や，学生からは「わからないものがわからない」「何をやっていいのかわからない」という声を多く聞きます。あるあるではないでしょうか。

　このようなケースでは全てにおいて漠然としています。これでは学習スケジュールも立案できず，何を勉強していいのかもわからないのも当然のことです。

 「模擬試験で何点とれるか予想」やってみた

　模擬試験内容を一つの分野が10～30問程度になるように分け，試験実施前に分野ごとに目標点と予想点を表に記載させてから模擬試験を始めました。

また，個人での予想ではいい加減に記載する学生がいるため，チーム（2～3名）として予想点を記載させ，予想点により近いチームが勝ちとするなど，ゲーム性をもたせることで楽しく，より真剣に予想できるようにしました。

模擬試験結果は予想を記載した表に結果を追記して返却し，結果をチーム及び個人で確認し，分析内容を報告させることにしました（図1）。

第3回のびしろミーティング（模試の点数予想）

チームHSS　予想チーム合計点 299　チーム合計点 286　予想のずれ −13

氏名	得点	基礎医学(9)	解剖生理(11)	臨床医学(26)	計測(16)	治療機器(12)	安全管理(15)	電気電子情報(36)	呼吸(11)	循環(11)	代謝(12)	機械(10)	物性材料	合計点	
学生A	目標点	8	8	19	14	11	13	30	9	9	10	12	6	150	
	予想点	7	8	18	13	10	12	29	8	8	9	12	5	139	
	実得点	11	6	31	12	8	14	27	11	10	11	11	7	159	20
学生B	目標点	7	9	24	14	10	13	22	9	9	5	8	4	129	
	予想点	4	7	15	8	8	8	9	7	7	8	3	5	89	
	実得点	4	3	15	4	6	7	12	5	4	7	4	2	73	−16
学生C	目標点	6	6	17	11	7	9	18	6	7	7	8	6	108	
	予想点	3	4	11	7	4	5	8	4	4	6	4	7	71	
	実得点	2	0	8	4	3	8	12	2	6	2	5	3	54	−17

図1　模試の点数予想

3 「自己分析能力」あげあげ♪

成績伸びなやみ（下位層）学生では，予想点（自分の認識）と実力に乖離がある傾向が認められることがデータとして認識できました（図2）。続けていくと乖離幅は小さくなっていきました。この結果等を学生自身の学習方法やスケジュール立案，教員の学生指導や国家試験対策に用いることは大変有用であったと思います。また，学生の自己分析能力の向上にも寄与しているのではないでしょうか。

取り組みを実施し，直近10年間で一番の国家試験合格率となりました！

（海老子　貴弘）

順位	氏名	予想点	得点	得点差
❶	中間層学生	104	103	−1
❷	下位層学生	77	75	−2
❸	下位層学生	87	79	−8
4	上位層学生	121	130	9
5	上位層学生	104	115	11
6	中間層学生	96	108	12
7	中間層学生	93	80	−13
8	中間層学生	80	94	14
9	下位層学生	92	77	−15
10	下位層学生	89	73	−16
11	下位層学生	71	54	−17
11	下位層学生	63	46	−17
13	上位層学生	139	159	20
14	下位層学生	80	57	−23
14	下位層学生	105	82	−23
16	下位層学生	82	58	−24
17	上位層学生	127	152	25
18	中間層学生	88	117	29
19	下位層学生	106	72	−33
19	中間層学生	109	76	−33
21	上位層学生	100	138	38

図2　予想点と実力の比較

学生マネジメントが鍵となる国家試験対策

POINT

1　4つのポイントを徹底したチームづくり
2　成績別の指導方法

 4つのポイントを徹底したチームづくり

　本校では80人定員のため2クラス体制ですが，最終学年より学外実習の配置の関係上，クラス別の運営が難しくなります。そのため，最終学年からは学生全員を同じ目的，目標をもったチームとして担当教員3名で運営しています。本校に入学してくる学生の大半が本格的な受験を経験していないことから，1年間を通してどのように行動したらよいかわからない傾向にあります。また，勉強に対しての耐性が低いことや自信がなく，質問ができない学生が多数在籍しています。このことから，本校では私が国家試験担当になってからは，①明確なビジョンを示す，②学生の意見を尊重する，③信頼を得る，④最後まで学生を信じて諦めないという4つを教員が徹底するようにしています。①では年間スケジュールを4月のオリエンテーションにて全て伝え，どのくらいのペース配分で勉強するのか，どの時点で合格圏内にいないといけないかなどを明確にします。②，③では全て教員の指示で行動するのではなく，学生自身が少しでも考えて行動できるように，意見や質問に対して尊重し寄り添うことで信頼を得ていきます。④では成績が伸び悩んでいる学生や勉強への不安，ストレスを抱える学生に対して，教員がいつでも質問や相談に応じられる環境を整えて最後まで信じて寄り添います。これにより，

総合実習終了後の10月中旬から12月下旬には教員，学生が同じ目的，目標をもった一つのチームが形成されていきます。チームが上手く形成されなかったときは，まとまりがなく全体が同じ方向を向いていないため，結果として国家試験受験者および合格率が芳しくない状況でした。
　以上より，チームづくりが多種多様な学生を国家試験合格に導くためのポイントであると考えています。

❷ 成績別の指導方法

　最終学年における学生の指導方法は，ティーチングとコーチングの手法を用いて指導しています。具体的な方法は，諏訪が作成した4段階の階段モデルを使用しています[1]。まずはじめの段階は，学生の大部分が依存状態のため全員に対して学習方法，毎日のスケジュール管理，目標管理など具体的に指示を出す積極的ティーチングを実施します。次の段階は，実力試験や模擬試験で合格点を取得した学生は少しずつ自信がついてきて半依存になってくるため，本人の主体性・自律性を尊重しながら助言をする消極的ティーチングに移行していきます。ただし，模擬試験の結果が芳しくないときなど状況により積極的ティーチングを実施します。成績上位の学生は早い段階で半自立となりコーチングの段階に入りますが，成績下位の学生は，依存または半依存が続くため積極的・消極的ティーチングの期間が長い傾向にあります。1月下旬には学生全員が半自立となり，教員は基本的に学生をコーチングしながら本番まで支援していきます。
　以上より，成績別で指導することにより学生のレベルや現状に合わせた対応ができるため，より効果的な学生指導が可能となり，その結果国家試験合格率維持・向上につながるポイントであると考えています。

[参考文献] [1] 諏訪茂樹『看護にいかすリーダーシップ 第3版 ティーチングとコーチング，チームワークの体験学習』医学書院，2021

（櫻井　泰弘）

作業療法学科の資格取得対策

POINT
1 資格取得の目的
2 資格取得へ向けての具体的な取り組み
3 資格取得によるクラス運営への影響

 資格取得の目的

　作業療法士は対象者の環境に取り組む職種であり、実際の臨床場面でも家屋改修や福祉用具の選定に意見や指導をすることが多い職種です。そのため本校では、福祉住環境コーディネーターの資格を学生時代に取得できるような取り組みを始めています。

　「福祉住環境コーディネーター」とは、高齢者や障がい者に対して住みやすい住環境を提案できるアドバイザーであり、各種の専門職と連携をとりながら住宅改修プランを提示する能力が求められます。そのため作業療法士として資格を取得することは、臨床場面でも大いに活用できると考えられます。福祉用具や住環境について学生のときから専門的に学ぶことで、早くから専門職としての意識を高め、学習意欲の向上にもつながると考えています。ただ、一人で受験するより、同じ目標をもってクラス単位で資格取得が行えるように、作業療法学科の教員と一緒になって受験対策に取り組んでいます。受験は任意で各自の希望を聞いていますが、ほとんどの学生が挑戦したいと答えてくれています。作業療法学科での目標は3級の合格としていますが、学習意欲の高い学生には2級の合格を目標とした受験対策にも取り組んでいます。

② 資格取得へ向けての具体的な取り組み

　福祉住環境コーディネーターの試験範囲の内容と本校のカリキュラムの「住環境福祉論」では重複する内容が多くなっています。福祉住環境コーディネーターの試験範囲の内容と照らし合わせて，重複する内容は講義の中で伝えていくようにしています。不足している試験範囲の内容はホームルームなどで，教員から公式テキストをもとに週1回程度の補講を行っています。また，定期的に過去問などを行うことで習熟度の向上に努めています。

　より高いレベルの2級を目指す学生には放課後に補講を行い，合格に向けてのフォローを行っています。受験はインターネット方式で行い，学校の教室に各自がパソコンを用いて一斉に行うようにしています。合否の結果は試験終了後にすぐ提示されるため，試験当日に結果がわかります。後日，合格証がダウンロードでき，成果が目に見えるようになっています。

③ 資格取得によるクラス運営への影響

　福祉住環境コーディネーターの2級，3級を受験し，合格した学生にはクラス内で表彰式を行いました。合格することで学生も大きな自信となり，他の科目にも学習意欲が高まる学生も多く見られました。成功体験を積むことで自信につながる学生も見られました。

　福祉住環境コーディネーターの資格取得は，作業療法士として今後も必要な知識となり，就職活動に関しても学生時代の大きな成果として他の学生と差別化ができています。また，大きな目標にクラスで挑戦することで，意識が一つになり，お互いを高め合うよい機会となりました。クラス運営における大きな成果にもつながると感じることができました。

（山下　良二）

18 調理校の資格取得対策

POINT
1. 「レストランサービス技能士」とは？
2. Google Forms を活用した過去問演習
3. 本番さながらの緊張感で行う実技試験対策

「レストランサービス技能士」とは？

　本校では，「レストランサービス技能士３級」の資格取得対策を実施しています。レストランサービス技能検定は国家資格であり，レストランでの接客サービスやテーブルマナー，食品についてプロにふさわしい知識と技術をもっていることの証明になります。学科試験及び実技試験の両方に合格したものが「レストランサービス技能士」として国から認定を受けることができます（写真１）。

　調理師科の学生は希望制で資格取得を目指すことができます。資格取得にチャレンジする経験を通して，自ら目標に向かい，最後までやり抜く力を身につけることができます。また，日々の努力の積み重ねが結果につながるという成功体験を自らの力に変えることができます。

写真１　実技試験の練習場面

② Google Forms を活用した過去問演習

　学生は学科試験対策講座を受講し，並行して Google Forms や配布プリントにて過去問演習を何度も繰り返し行います。問題は過去問から頻出問題を抽出し，教員が独自に作成しています。Google Forms の活用により，問題の解答と正誤の即時フィードバックを受け取ることができるため，学生は即座に自分の理解度を確認できます。これにより学習の弱点や改善点を特定しやすくなり，個々の学習進捗に合わせた必要なサポートを提供できます。

③ 本番さながらの緊張感で行う実技試験対策

　学科試験に合格した学生は，その後の実技試験対策へと進むことができ，マンツーマンの実技指導が始まります。実技試験の練習は始業前や放課後に行い，スキルアップという授業も活用します。実技試験では，有名ホテルのマネージャークラスの方が試験員を行うため，手が震えるほどの緊張感の中で行われます。本番に近い環境下でどれだけ練習できるかが当日のパフォーマンスに影響するため，学内では複数回の模擬試験を行います（写真２）。使用する器材は，数や種類も多く準備に時間を要すため，教室の後方に常時器材を配置し，いつでも練習ができるように環境を整えています（写真３）。

写真２　実技試験の模擬試験の様子

写真３　常時教室に配置された練習用器材

（大石　法子）

学生との貴重なコミュニケーション手段になる通信制教育の添削指導

POINT
1 通信制におけるレポート等を用いた学習のねらい
2 学習意欲向上につなげる添削指導でこれだけは意識
3 添削指導を受けた学生たちの声

 通信制におけるレポート等を用いた学習のねらい

　通信制における提出物への添削は，対面の授業において，学生と教員が直接相互作用することと同じ役割をもっており，学生の課題に対する理解度を確認し，課題への関心や問題意識を高めるうえで，コメント・添削は大変重要です。通信制教育を受ける学生は，指定された課題を教材やテキストを活用して自宅等で学習し，学んだ成果を文章にまとめ，問題に解答するといった形（レポート等）で教育機関に提出します。提出物は教員等がコメントを書く，○×をつけるなどの方法で添削したうえで学生に返却されます。そして，学生は書かれたコメント等を読んで学習成果を確認します。

　レポート等を用いた学習のねらいは，学習を通して自身が理解した内容を省察し，まだ不足している点は何かに気づき，次の課題を見つける力をつけることです。これは専門職業人として主体的に継続学習していくことの必要性を自覚し，自己研鑽と努力を続けていく姿勢を養うことにつながります。添削指導は，この学習プロセスを支援します。学生は自身が記述したレポート等に対し，コメントや評価を受けることで，十分理解できている点，まだ理解が不十分な点や欠けている点，誤っている点などに気づき，今後の学習の指針とします。

② 学習意欲向上につなげる添削指導でこれだけは意識

なにより添削指導のコメントは，読んだ学生が理解できるように書くことが求められます。
・手書きの場合，文字は丁寧に書く。
・課題提出に対して，まずは労いのポジティブフィードバックをする。
・よくできている部分はよくできているとわかりやすくコメントする。
・次の学習に向けたモチベーションが高まるよう「励ます」「努力を認める」コメントをする。
・間違った箇所に×はつけずにアンダーラインを引き，意味がわかるように，何がどう間違っていて，どうしたらよいのかを記載する。

③ 添削指導を受けた学生たちの声

●学習意欲の向上につながった！やる気になった！嬉しかった！
コメント
・良いところに「〇」，「good!」などの褒め言葉や「これからも頑張ってください」というコメントは，涙が出るほど嬉しかった！
・「一緒に学び深めましょう」と書いてあり，直接会うことがなくてもかなり励みになります。
・どのように考えたらよいのかを導くコメントや，できているところ，できていないところを細かく添削してもらい勉強になった。

●学習意欲が低下した！次にどう学習したらよいのかわかりづらかった
コメント
・「？」だけがついている，「これはどういうことですか！！」のコメントでやる気がなくなった。
・〇もなければコメントもなく，どうなのかわからない。

（髙橋　久仁子）

つながりを感じる通信制教育

POINT
1　面接授業は学生と教員のコミュニケーションツール
2　早めの国家試験対策
3　通信物の活用

 面接授業は学生と教員のコミュニケーションツール

　通信制教育では当たり前ですが，毎日学校に通学しません。普段はなかなか会うことが難しい環境だからこそ，教員にはより丁寧な対応が求められていると思います。毎日会うことはしませんが，学生が困ったときにすぐに連絡できる，またはしやすいことがポイントになってきます。

　本校では，北海道内4会場で面接授業を実施しています。普段は自宅で学習をしている学生が，面接授業で同じ志をもった他の学生と会い，共に学習を行うことで自宅での学習のモチベーションも上がります（写真1）。

写真1　面接授業の様子

写真2　面接授業の様子

　また，日々の教員とのやりとりは電話やメールで行っていますが，面接授

業で教員に会うことで，自宅で学習を進めていくことや国家試験に関する不安等を解消することができます。面接授業は学生同士や学生と教員とのコミュニケーションツールであり，大変重要なものといえます（写真2）。

❷ 早めの国家試験対策

　通信教育では，レポート課題，面接授業も大変重要なものですが，最終目標は国家試験の合格です。レポート課題では国家試験で出題されている内容を多く取り入れるようにしています。学習支援ツールでは各科目の一問一答を出題し，仕事の休憩時間等に解けるようにしています。

　各科目の国家試験対策のポイントをまとめた，オンデマンド形式での国家試験対策講座も実施しています。オンデマンド形式は学生が好きな時間に視聴できるため，受講しやすくなっています。各地方での模擬試験を実施し，国家試験と同様の時間帯で実施することで，問題を解く時間配分等も体験することができます。通学の学科に比べ，在籍期間が短いこともあり，早期に国家試験対策も視野に入れながら学習をしていくことが国家試験合格の鍵になります。

❸ 通信物の活用

　2種類の通信物を毎月発行し，レポート課題，国家試験対策情報，面接授業等のお知らせをしています。インターネット等でわかるような情報提供だけでは，孤独な自宅での学習がさらに辛いものになってしまいます。仕事等と両立しながら日々勉強している学生への労いと，教員や他の学生とのつながりを感じられるような通信物になるように工夫しています。国家試験対策情報では，卒業生の力も借りながら，実際に行っていた勉強方法などの情報提供も行っています。

（大野　薫）

学生の職業意識の醸成と
モチベーションアップ法

POINT
1. 仕事のやりがい・面白さをどう伝える？
2. 学生の反応と卒業生に見られる変化
3. 今後に向けて

 仕事のやりがい・面白さをどう伝える？

　学生は，学外実習を経験することで，将来の仕事に対する理解が深まり，実習直後は教員も学生のモチベーションの向上を感じることができます。しかし，入学してくる学生によっては，想像・イメージする力の低下や内発的モチベーションを保ちにくい印象があります。臨床現場から離れている学内教育において，仕事のやりがい・面白さを伝え，職業意識を醸成することに困難さを感じ，課題となっています。

　本校理学療法士科における職業意識に対する取り組みとして，卒業生に実習終了後の症例報告会やOSCE（Objective Structured Clinical Examination：客観的臨床能力試験）に参加してもらい，臨床家の立場からコメントをもらっています。どちらも臨床でのエピソードが出てくるためか，興味をもって聞く学生が多く，職業意識の醸成やモチベーションの向上に効果的な印象です。「卒業したら自分もあの役割をやりたいです」という声も聞かれています。

　一方で，特に学外実習前の1年生は，理学療法士の仕事の理解が不十分なため，目標や向かう姿勢が曖昧なままで実習に向かう学生が一定数います。そこで，新しい取り組みとして，新卒の卒業生から1年生に対し理学療法士

の仕事の紹介や魅力，学生の頃に身につけておいたほうがよいスキルなどについて授業をしてもらう機会をつくることにしました。

② 学生の反応と卒業生に見られる変化

授業後には，学生に「学んだことや感想」と卒業生への「お礼の言葉」を書いてもらい，卒業生に渡しています。「卒業生はより近い視点で話をしてくれるので，聞きやすい」といった感想が多く聞かれています。あえて新卒の卒業生に依頼しているため，より身近に感じ，自身の将来像と重ねやすいのではないかと考察しています。卒業生も，後輩を前についこの間まで自分も学生であったことを思い出し，自己の成長を感じるようです。「もっと別の話をしたほうがよかったかも」と反省しながらも「いい経験になりました」と満足そうに帰っていくのが印象的です。

③ 今後に向けて

注意点としては，卒業生には，なるべく前向きな話をしてもらうように依頼はしますが，裏側を話しすぎてしまうこともあり，目的や頃合いのようなものをしっかりと伝えておくことが必要かもしれません。

今後も実施の時期や内容の検討を行い，さらに効果的な取り組みとなるようブラッシュアップしていく予定です。

（青山　千春）

〈まとめ〉
- 臨床家である卒業生との関わりは，学生にとって職業意識の醸成に良好な刺激になりうる。
- 経験年数も含め「適材適所」に依頼することが望ましい。
- 卒業生にとってもよい刺激となり，成長につながる経験となりうる。

22 多職種連携教育が拓く保健医療福祉

POINT
1 多職種連携教育の受講生に伝えたいこと
2 段階的カリキュラムで実践知を涵養

 多職種連携教育の受講生に伝えたいこと

　学生にとって，多職種連携は「目的と情報共有」，「患者中心の医療・ケアの提供」と捉えがちです。そのことは確かに重要なのですが，人対人の連携力こそ基盤です。専門職で構成されるチームの前提は多様な「人」で成立します。互いを認め合う倫理的感受性を養うことは，チームの強化と患者ケアの鍵です。異なる専門職の視点を尊重し，共通の目標に向けて協力することで，多様性を認め合い，共に成長できることを伝えています。

 段階的カリキュラムで実践知を涵養

　対人スキルや連携力は，経験を重ねることで実践知として磨かれます。本校では，1年生では倫理的ジレンマ課題，2年生では事例検討，3年生では職種同士の役割理解，4年生では多職種協働で行う症例検討を通し，複雑・多様化した現場に求められる専門性と協働力をバランスよく習得できるよう，習熟度に合わせた段階的なカリキュラムを構築しています。常に多様な視座から事象を捉え，協働作業を通じて成長する機会を提供しています。

（四元　祐子）

先端技術を利活用した職業実践教育

POINT

1 VR（仮想現実）でトランスフォームする授業の形
2 VR×多職種連携教育（VRIPE*）の実践

* VRIPE：VRで体験学習するIPE

 VR（仮想現実）でトランスフォームする授業の形

　VR（Virtual Reality：仮想現実）を利活用した授業では，現実で再現が困難な場面を仮想空間内で体験できます。病院や施設，工場などの360°空間を視聴し場面を探索できるものや，専門的な道具や装置の取り扱いをシミュレートできるものが主流です。ゴーグルやディスプレイ越しに臨むVR学習の没入感の高さは学習意欲を高め主体性を促し，その場で反復して学べる利点と合わせ，学内の授業をより実践に近いものへとトランスフォームします。

 VR×多職種連携教育（VRIPE）の実践

　多職種連携教育（IPE：Interprofessional Education）へのVR実装は，限られた環境下においても，多くの専門職種同士が協働する場面を視聴し，連携の流れと手順を学習できます。例えば，普段関わる機会の少ない専門職種に着眼して診療場面の実務を見学し参加することができ，各職種の役割や行動，表情などを観察しながら，連携の実際を学ぶことが可能となりました。これらは，学生の「習ったことがある」多職種連携を，「見学したことがある」段階まで引き上げることに成功しました。

（山下　喬之）

24 面談に臨むにあたり意識している3つのポイント

POINT
1 「面談前」の心構え〜レッテルを貼らない〜
2 「時間」の目安を伝える
3 「傾聴」による信頼関係の構築

1 「面談前」の心構え〜レッテルを貼らない〜

　面談を実施する際，面談の目的を明確にしておくために，事前に情報収集を行い，複数で面談に入る際には情報共有を行うようにしています。しかし，面談前の情報は，良くも悪くも学生に「レッテル」を貼ってしまい，学生が本当に話したいことを聴き取るチャンスを逃すことにつながるため注意が必要です。学生に対してなるべくフラットな状態で「傾聴」できるよう面談の前から心がけるようにしています。また，話しやすい環境を整えるため，面談内容にもよりますが面談者の真向かいには座らず，斜め前やあえて隣に並んで座るようにすることで緊張感漂う雰囲気にならないようにしています。

あえて隣に座る

　面談の環境を整えるに先立って，教員自ら普段から学生が相談しやすい関係を築いておくことが面談の成功の鍵となります。日頃から学生の様子をよく観察し，こちらからコミュニケーションを図るようにしています。その際

にもバイアスをかけて状況を捉えないこと，レッテルを貼らないことを心がけています。そうすることで，面談の初めの雰囲気からスムーズに話が進むようになります。

❷ 「時間」の目安を伝える

　面談実施の際は「放課後，15分くらい時間ある？」「何時にここを出れば電車に間に合う？」など，具体的に時間を確認してから面談するように意識しています。時間の目安を伝えることで限りある時間の中で学生自身が話したいことを整理して話そうとする雰囲気をつくりやすくなります。その一方，時間を気にせず話をしたいという学生もいるため，個々の学生に合わせて対応することも大切です。

❸ 「傾聴」による信頼関係の構築

　面談する際，特に，黙り込んでしまう学生に対しては，学生が話しやすそうなことから尋ねるようにして，時間が許す限り学生が話し始めるのを待つようにしています。教員が急かさずに待つ姿勢を示すことが安心感につながるのか，口の重い学生も少しずつ自分の言葉で話してくれるようになると感じています。教員が話したいことを一方的に話すのではなく，学生の話をしっかり傾聴することが信頼関係を築くことにもつながるため，面談を行うタイミングにも留意し，丁寧に学生の話に耳を傾けるようにしています。

面談を行うタイミング
・モチベーションの下がりやすいGW明け及び長期休みの前後，進級前後
・成績が伸び悩む学生 　→早期に面談を行い，問題点や改善点を一緒に考えることで学習意欲を引き出す
面談時のポイント
・話しにくそうなことでも単刀直入に聞いてみる
・伝えるべきことは短く，簡潔にまとめて伝える

（武田　貴子）

25 学生のやる気を引き出す非認知能力を共通言語とした面談

POINT

1　非認知能力とは
2　非認知能力の意識づけと共通言語へ
3　教員が意識を変えて学生面談をする!?

1 非認知能力とは

非認知能力は，忍耐力，協調性など数値化できない能力です。非認知能力は後天的に獲得される能力であり，変容可能なものとされています。幼児期に変容しやすいですが，18歳以降でも非認知能力を伸ばすことは可能です。非認知能力は学生の内面に関するものであり，自ら伸ばしていく力です。そのため，面談を通して「意識づけ」を行い，学生が意識して自分を変えられるように働きかけることが大切です。今回，本校の非認知能力に着目した取り組みをもとに，学生面談に活かした事例を紹介したいと思います。

2 非認知能力の意識づけと共通言語へ

本校では非認知能力を中山[1)]による「自分と向き合う力」，「自分を高める力」，「他者とつながる力」の3カテゴリーに分けて学生への意識づけを図っています（図1）。

カテゴリー	ステータス	アセスメント項目
自分と向き合う力	あきらめない力	難しい課題でも投げ出さず、あきらめずに取り組める
	自制心	誘惑に負けず自分の感情・行動をコントロールできる
自分を高める力	積極性	自分で考えて行動し、学びに向かうことができる
他者とつながる力	他者への配慮	他者が望むことに気づき、思いやりをもった行動ができる
	役割と責任	集団の中で自分の役割を自覚し、責任をもって行動できる

図1　非認知能力の3つのカテゴリー

この非認知能力のキーワードを普段から意識する機会をつくり，教員と学生の共通言語として面談を行います。

　性格・気質は先天的で変えることは難しいですが，考え・行動の基盤となる「価値観」に働きかけ，実際の行動との相違を振り返り（自己認識），必要な行動を意識的にとり（行動特性），習慣化できるように教員が意識して学生と面談をします（図2）。

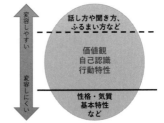

図2　教員が意識する学生への働きかけ（参考文献[1]をもとに作成）

③ 教員が意識を変えて学生面談をする!?

　私が非認知能力に着目し始めた当初の，学生面談での事例を紹介します。期末試験で数科目再試験該当となった学生に（以前は勉強方法や時間などの確認が多かったですが）非認知能力の共通言語を用いて面談を行うことで，「難しそうなことはすぐあきらめていた。忍耐力が足りなかった」と学生の認識が聞かれました。その「気づき」が得られたことで，どのような価値観で取り組んでいきたいか，具体的にどう行動するかを（教員からの指摘ではなく）学生と前向きに話すことができたと思います。それ以降，難しいと思う内容は事前に友人に確認し，放課後に勉強する姿には教員が寄り添うなどして再試験を受けることなくクリアすることができました。非認知能力に着目し学生との共通言語を用いて，一緒に振り返りを行うことの大切さを実感した事例でした。

　今後，日常的な声かけや授業も含め，個々の学生に必要な非認知能力を伸ばすことで，認知能力を高めて国家資格を取得し，専門職として社会で活躍できるようサポートしていきたいと思います。

［参考文献］[1]　中山芳一『家庭，学校，職場で生かせる！自分と相手の非認知能力を伸ばすコツ』東京書籍．2020

（馬場　広志）

26 保護者等面談と学生面談

POINT
1. 保護者等面談に臨むにあたり
2. 学生面談の流れ
3. 学生面談時の留意点

 保護者等面談に臨むにあたり

　学生の保護者等との面談は緊張します。ましてや年齢差があれば気後れしてしまい，十分に真意が伝わらずに終了ということも懸念されます。しかし，心配は無用です。基本姿勢は学生と対峙するのと同じです。学生を応援する協力者として保護者等と向き合ってください。

　まず，面談そのものに感謝です。「本日はお時間をとっていただきありがとうございます」から始めましょう。「○○さんがよりよい学生生活を過ごせるようご協力をお願いします。私たちも気づかない点が多々あると思いますので，是非ご意見をお願いします……」と，進めましょう。

　そして，伝えるべきことは日付と作成者名を明記した文書でも提示します。後日，「言ったはずなのに……」「聞いていない，内容が違う」との問い合わせに発展する事項として代表的なのが，「いつ」期日（期間）・「いくら」金額・「どこ」場所・「だれ」担当窓口・「変更の有無」です。

　さらに，面談終了時には「本日はありがとうございました。保護者（等）様と情報共有ができ，有意義なお時間をもてましたことに感謝いたします。今後も○○さんがよりよい学生生活を過ごせるようご協力をお願いいたします」と，感謝とお願いで締めくくります。

② 学生面談の流れ

　学生に話す際には,どうしても「伝える・わからせる」が先行してしまい,相手の態度など状況を留意せずに話をしてしまうことがあります。

　最初に,面談の目的,必要性を説明します。「今日の話は,△△(事実・客観的事柄)を認識(確認)し,□□するためです」と伝えます。「最近あなたの様子が変で心配だから」「落ち込んでるようなので,元気づけようと思って」など,情に訴える言い回しは誤解を生むことがありますので,控えます。そのうえで,双方の合意をもって面談を開始します。学生が対話に即応しなくとも後日再設定が可能な場合は,急がせない対応も選択させます。

　最後に,この時間で得たものを共有します。たとえ目指す結果や答えを出せなくても,相手の考え方や生活背景など,今後の対応に役立つ情報をたくさん知ることができます。「○○に興味があるんだ」「○○を頑張っているんだね」等,相手を「認める」発言で安心の関係を保って対話を締めくくりましょう。

③ 学生面談時の留意点

　学生の話を聴くには安心して話ができる環境設定が大切です。

　まず,適度な傾聴姿勢を意識します。こちらが意図している展開にならないかもしれませんが,何を話しても否定せず,「なるほどね」などを用いて,雰囲気づくりを心がけます。「それどういうこと?」の発言は控えます。

　また,会話途中の記録時は,「○○なんだ」「○○しようと考えてるんだね」と同調の発語を交えることが,ペンを走らせる違和感解消に役立ちます。

　面談の相手に「安心して話をすることができた」と思ってもらえたら成功です。関係ができれば今後の展開が見込めます。あせらず,じっくりと関わっていきましょう。

(髙橋　徹)

スクールカウンセリングと保護者等カウンセリング

POINT
1 スクールカウンセリングの導入の流れ
2 保護者等カウンセリングの重要性

スクールカウンセリングの導入の流れ

　専門学校では，専門的な知識やスキルを習得するための学習環境に，学生が適応できないことがあります。また，資格取得や将来のキャリアに対するプレッシャーから精神的なストレスを感じることがあります。スクールカウンセリングでは，学生が抱える様々な不安やストレス，心理的な問題に対する相談を受け付け，適切な支援を提供します。

　まず導入として，入学時のオリエンテーションにて，学生・保護者等に対しスクールカウンセリングについての説明を行います。1年生には入学後の早い時期に，カウンセラーの紹介も兼ねてストレスに関する講義をします。カウンセリングの申し込みは，教員を通してだけではなく，QRコードからでも対応し，目につく場所に案内チラシを掲示するなど（写真1），できるだけ相談しやすい環境づくりに努めています。

　また，教員は入学前から入学時，学期ごと

写真1　カウンセリングの申し込みチラシ

の個人面談や，日頃の学校生活の様子によって，カウンセリングの必要性を検討します。カウンセラーによる教員向けの研修や，教員からの相談の機会を定期的に設けるなどして，心理的問題に対する教員の援助スキルを上げ，問題が深刻化するのを未然に防ぐよう対策をしています。

❷ 保護者等カウンセリングの重要性

　カウンセラーは，学生の学業，心理的・社会的な問題に対処するための専門的な支援を提供しますが，学生の生活全体を理解し，包括的な支援を提供するためには，保護者等の協力が欠かせません。

　専門学校では，学外実習や国家試験前にストレスが増大し，心身のバランスが崩れてしまうケースや，それが引き金となり発病につながってしまうというケースは少なくありません。資格をとることを目的に専門学校に入学しているため，「学外実習に行けないと進級できなくなってしまう」，「国家試験に受からなかったらどうしよう」など，学生だけでなく，保護者等も一緒に不安になることがあります。また，学生にとっては家族からの期待も時に大きなプレッシャーとなり，家庭内で相談できる人がいないなど，さらに追い込まれてしまうケースもあります。

　そこで，学生の心身に不調が生じているときや，カウンセリングなどの介入が必要となる場合，学生本人に承諾を得て，保護者等への報告を速やかに行います。そうした状況も含め，早期からカウンセラーと教員が連携し，必要に応じて，保護者等にもカウンセリングを受けていただくように勧めていきます。これにより，保護者等に身体と精神の両面から学生の健康状態を把握してもらい，家庭内での必要な支援の方法を伝えることができます。保護者等と教員とカウンセラーの三者が，適切な対応について共有し，連携を図ることで，学生を包括的に支援していくことが可能となります。

（大石　法子）

合理的配慮が必要な学生への対応①

POINT
1. 合理的配慮の提供が義務化
2. 合理的配慮の申し出と対応例
3. 対話と傾聴，組織的取り組みが不可欠

1 合理的配慮の提供が義務化

　障害者差別解消法が改訂され，令和6年4月1日から合理的配慮の提供が全ての事業者において義務化されました。障がい者手帳を持っているか否かにかかわらず，身体障がいのある方，知的障がいのある方，精神障がいのある方，発達障がいのある方，その他心や体のはたらきに障がいのある方（難病等に起因する障害も含む）から，「社会的なバリアを取り除いてほしい」旨の意志の表明があった場合に，その実施に伴う負担が過重でない場合に，社会的なバリアを取り除くために必要かつ合理的な配慮を講ずることが義務となりました。

2 合理的配慮の申し出と対応例

　例えば，肢体不自由の学生から車いすのままで授業を受けたいという申し出があった場合，エレベータで移動可能な教室で授業を行う（物理的環境への配慮），あるいは，難聴と弱視の障がいのある学生から筆談によるコミュニケーションを希望する申し出があった場合，太いペンで大きな字を書いて筆談をする等は合理的な配慮の提供例といえるでしょう（意思疎通への配

慮)。また，学習障がいのある学生から，読み書きに時間がかかるため，授業中の板書を最後まで書き写すことができない，との申し出があった場合，スマートフォンやタブレット型端末などで板書を撮影できることとした，といった対応はルール・慣行の柔軟な変更による合理的な配慮の提供例といえるでしょう。

③ 対話と傾聴，組織的取り組みが不可欠

　学校においては様々なケースが考えられます。とりわけ，発達障がいや精神障がいのある方が学校生活を送る際に，一人ひとりの学生が抱える困り感や直面する苦戦状況は千差万別です。まず，在学生全員に対して合理的配慮の提供を申し出る窓口の存在を明示するとともに，障がいのある方から申し出があった場合，困り感や希望について丁寧に傾聴するとともに，相互理解を深めながら「建設的対話」を重ね，ともに対応案や対応策を検討していくことが大切です。

　学生が学校生活を通じて所期の目的を達成するためには，授業や実習をはじめとする単位修得や国家資格取得等に関わって，校内規定，ルールや慣行等様々なハードルがあり，時には難しい対応が求められます。このため，合理的配慮の決定手続きについて学校内で規定を定めることに加え，担任や授業担当者，障がい者支援担当者等関係するメンバーで組織した委員会や，障がい学生支援担当部署等で話し合い，組織的に合理的配慮の提供内容を決定し，実行することが重要です。その際，ディプロマ・ポリシー，カリキュラム・ポリシー，アドミッション・ポリシーの3ポリシーや授業のシラバスを，合理的配慮の内容が妥当かどうかの判断基準として，できること，できないことの基準を明確にしながら提供内容を決定していく必要があるでしょう。

［参考文献］日本学生支援機構『合理的配慮ハンドブック～障害のある学生を支援する教職員のために～』ジアース教育新社，2019

(河合　宣孝)

29 合理的配慮が必要な学生への対応②

POINT
1 「合理的配慮」とは
2 精神障がい（うつ病，パニック障がいなど）を発症した例
3 体調に問題（難病，てんかんなど）を抱えた例

1 「合理的配慮」とは

　合理的配慮とは，障がいのある子どもが平等に教育を受ける権利を享有・行使するために，学校が必要かつ適当な変更・調整を行うことです。平成28年の「障害者差別解消法」の施行により，どの学校においても障がいのある子どもたちに必要な「合理的配慮」を提供することが求められ，令和6年からは合理的配慮の提供が義務化されました。合理的配慮の義務化とは，障がいのある児童・生徒に対して，不当な差別的扱いをしないことや必要に応じて教育環境や支援を調整することを意味します。「合理的配慮」の提供に当たっては，本人・保護者等の意向を十分に尊重しつつ，学校として組織的に検討し，提供することが重要です。障がいのある人，学校の双方が情報や意見を伝え合い，建設的対話に努めることで，目的に応じて代わりの手段を見つけていくことができます。なお，「障がい者」とは，障がい者手帳を持っている人だけではなく，心や体のはたらきに障がいのある人で，障がいや社会の中にあるバリアによって継続的に日常生活や社会生活に相当な制限を受けてい

内閣府作成のリーフレット

る全ての人が対象となります。

❷ 精神障がい（うつ病，パニック障がいなど）を発症した例

　学生たちは，資格取得のために学外実習や国家試験などを経験しなければなりません。通常とは違う環境の中で，常に周囲の視線を感じながら実習が行われ，どれだけ勉強に励んでも点数が伸びず，焦りと不安に押しつぶされそうになるなど，大きなストレスにさらされます。うつ病やパニック障がいなどの精神障がいを抱える学生に対し，次のような対応を行っています。
　・本人との面談
　・保護者等との連携
　・校内カウンセラーによるカウンセリング
　・補講対応
　・学科内での情報共有，対応周知

❸ 体調に問題（難病，てんかんなど）を抱えた例

　入学前，在学中に体調を崩す学生がいます。通学することもままならない状況に陥ることも少なくありません。まずは体調の回復を最優先にしながら，保護者等と連携を図り，学校としてできるだけの配慮をして学業を続けられるようにすることが大切です。
　・入学前の情報提供
　・保護者等との連携
　・学科内での情報共有，対応周知
　・補講対応
　・実習施設との連携
　日頃から学生とよりよいコミュニケーションを構築し，学科全体で情報を共有して，小さな変化にも気づけるようにしましょう。

（遠藤　志保）

学外実習前後の指導

POINT
1　現在の実習形態について
2　実習に対する心構え
3　実習後のアフターケア

 現在の実習形態について

　ここ数年で理学・作業療法士の実習形態は「実習指導者は臨床実習指導者講習会受講が必須」「実習は診療参加型実習を推奨」「実習時間は45時間以内（1週間あたり）に留める」と変化がありました。また，生涯学習に関しては日本理学療法士協会が提示している卒前課程修了時点の到達目標が「基本的理学療法を助言・指導を受けながら行えること」に変更になったことが実習進行上の転換点になったと思います。このような環境の変化の中，養成校や病院・施設など，送り出す立場として重要視している点を中心に述べます。

 実習に対する心構え

　将来医療人になる学生として「社会人としての基本マナー」「リスク管理」「感染対策」の3点を重要事項として伝えています。実習中，「社会人としての基本マナー」として身なり，挨拶など当たり前のことに苦戦している学生が多いかと思います。本校ではキャリア支援コンサルタントに協力いただき，マナー講習会を開催し，医療人としての身なりや礼儀作法を学ぶようにすることや，普段の学校生活から挨拶や報告・連絡・相談等，実習だけではなく

社会に出ても必要な要素を社会教育として，基本を築き上げるようにしています。「リスク管理」は学生にとっては「何がリスクか」に気づくことが難しいため，授業で疾病や動作に対するリスクをグループワークで話し合い，その内容を実演発表しています。その際，教員はリアルタイムでフィードバックできるため，実技を通して視覚情報としての「リスク」をクラス全体に共有することや，話し合うことの大切さもこの取り組みの中で培うようにしています。また，実習前の実技試験を行う際にリスク管理に関する事項を盛り込むことや，その患者役を他学年の学生に行わせることで，次年度への意識向上や先輩後輩の学生交流に役立てています。「感染対策」に関しては，新型コロナウイルス感染症の影響で標準予防策に対する意識は強まっており，医療現場における感染リスクや危険性を伝える必要性があると思います。本校では，入学時に抗体価検査を行い，抗体が不十分な場合は追加接種を行うことや，実習のオリエンテーション等で感染経路や潜伏期間を学ぶことで，学生自身が感染症から身を守り感染源にならないよう対策しています。

❸ 実習後のアフターケア

　実習後，再び学校生活に戻ったときの学生を見ると，「顔つきがとても変わっている」と成長した姿が見られる学生や「自信をなくしているように見える」と落胆した学生の両極に分かれるかと思います。学校で学んだことと実際現場で観て経験したことは，程度の差あれ貴重な財産になるため，実習報告会では疾患や病院期別による特徴をクラス全員でシェアしています。また，実習が終了したから終わりではなく，これから先，理学療法士として働く身として「ある程度身についている部分」「課題がある部分」を自己で把握できているかどうか，報告会や実習指導者からの報告書を通して，学生面談を実施しアフターケアを行っています。

[参考文献]『臨床実習教育の手引き』，『理学療法学教育モデル・コア・カリキュラム』，『新人理学療法士職員研修ガイドライン』（いずれも，日本理学療法士協会）

（古堅　貴也）

31 学外実習での学びを大きくする イメージづくりと共有化

> **POINT**
> 1 実りのある学外実習にするために
> 2 イメージづくりで不安解消！
> 3 経験×共有＝学びの最大化

 実りのある学外実習にするために

　学生にとって学外実習とは，これまで習得してきた知識や技術を試す場であり，多くの気づきや学びを得ることができる貴重な場にもなっています。その一方，学外実習に対して期待感以上に不安感を抱えている学生も多く，「実習を乗り切る」ことに終始する学生も少なくありません。ここでは本校の事例から，学外実習を学生にとってよりよい学びの場とするヒントを紹介します。

 イメージづくりで不安解消！

　特に初めての学外実習に臨む学生は，「学校で学んだ知識や技術が実際に実践できるのか？」「指導者や患者と良好な人間関係が築けるか？」などの不安を訴えることもありますが，これらは未知に対する漠然とした気がかりであることが多いです。そのため，学外実習前にどれだけ具体的なイメージをもつことができるかが重要になります。本校では学外実習後の実習報告会に下級生も参加したり（写真1），上級生と下級生の交流会を実施しています。学外実習を直に経験した上級生からの具体的なエピソードは，教員から

の言葉以上に学生の心に残ることも多いです。これが学外実習という未知の相手に対して「彼を知り己を知れば百戦殆からず」の第一歩となってくれるでしょう。

写真1　学外実習後の報告会

③ 経験×共有＝学びの最大化

学外実習を通じて，学生は多くを学び，自身に何が足りないのか大小様々な課題を持ち帰ります。したがって，実習終了後に振り返りを行うことが重要です。その際，学生個々の振り返りも大事ですが，グループでの振り返りも非常に効果があると感じています（写真2）。各個人の経験を持ち寄り，共有することで，新たな気づきや自身の振り返りにも客観的な視点を入れることができます。経験の共有化で，学びの最大化を目指します。

写真2　グループでの振り返り

(東海林　智也)

32 継続した卒後教育を行うための運営方法

> POINT
> 1 連続性をもたせる
> 2 対象者を明確にする
> 3 臨床に役立つ内容にする

 連続性をもたせる

　卒後教育は，文字通り卒業生に対して行われる教育です。その内容は多岐にわたり，「知識」「技術」「臨床思考過程」といった内容とともに，様々な分野に巣立っていった卒業生のニーズも多様です。また，卒後教育をどこが行うのかということも課題となっています。専門学校，就職した施設，協会などの職能団体，そのどれもが卒後教育の必要性を感じています。各職能団体で卒後教育の研修を行っている職種もあると思われますが，ここでは，専門学校が行うとすれば「どのような内容や方法が適切か」を本校の経験をもとに述べていきます。

　本校では，卒業生で組織されている「学科同窓会」が卒後教育を担っていますが，はじめは手探り状態でした。最初は「年に○回」と回数を決めて，その都度内容を考えて行いましたが，内容を考えること自体が苦しくなってしまい，毎年似たような内容になってしまったり，参加者も少なく同じ顔ぶれだけが参加することになってしまいました。そのため運営の方法を再検討し，「連続性」をもたせることを目的の一つとしました。

・同窓会での勉強会は「技術」・「臨床思考過程」の内容にする。
　（「知識」の内容の研修などは各協会で行われているため）

・臨床に出た1年目のセラピストが悩んだり，知りたいと思う内容にする。
・全5回として毎回の内容が次回の内容につながるように「連続性」をもたせるようにした。

② 対象者を明確にする

いままでは卒業生のすべてを対象としてきましたが，「連続性」をもたせることで，卒後1年目の作業療法士をメインとし，経験年数3年以下を対象範囲としました（3年以上の経験者も参加自体は可能）。理由は，後述のように，卒後教育の内容が臨床に出たばかりの頃に，誰もが悩んだり，勉強したくなるような内容に特化したからです。このように対象を明確にして，それに沿った内容に固定することで運営もスムーズに行えるようになりました。

③ 臨床に役立つ内容にする

本校作業療法科で行っている卒後教育の内容は，以下のとおりです。

第1回：作業療法士が考える運動麻痺の評価と治療の考え方
第2回：作業療法士が考える感覚障がいと筋緊張の評価と治療
第3回：作業療法士が考える意識障がいと注意障がい
　　　　（半側空間無視）の評価と治療の考え方
第4回：作業療法士に必要な治療の考え方と筋肉の触診
第5回：作業療法士として目標設定・ADL評価・分析

外部講師を招聘して行い，毎年卒後1年目の卒業生の作業療法士が同じ内容を受講していく形です。コロナ禍の時期においては，勉強会の開催自体が困難になった時期があり，その時期には動画配信という形で対応しました。現在ではその動画配信の方法が主流となっています。

（田中　敏彦）

卒後教育「ホームカミングディ」

POINT
1. 「ねぇねぇ聞いて」「成長ツリー」でリフレッシュ
2. 夜勤のシミュレーション研修でバッチリ！
3. 卒業後もつながる学科づくり

 「ねぇねぇ聞いて」「成長ツリー」でリフレッシュ

　専門学校の立場から，卒後の移行期支援をホームカミングディとして8月に開催しています。研修は，前半を「吐き出し研修」，後半を「夜勤シミュレーション研修」とし，教員の「おかえりなさい」で出迎え，「いってらっしゃい」で送り出しています。

　前半の「吐き出し研修」は，まず「成長ツリー」で，ツリー上に今の自分の位置を示してもらい，次に「ねぇねぇ聞いて」で，勤務してうれしかったこと，つらかったことについて語り合い，仕上げに最初の成長ツリーへ1年後の自分の位置を示してもらいます。今の自分はツリーによじ登っている姿やぶら下がっている姿，1年後の自分は仲間と支え合う姿や自立している姿に印をつけることが多いです。就職していろいろなことに自信がもてず不安だらけのこの時期の親睦・交流で，「自分だけじゃない，みんな一緒」と安心感がもて，リフレッシュにつながっています。

 夜勤のシミュレーション研修でバッチリ！

　「夜勤シミュレーション研修」は，就職して4ヵ月頃は夜勤が始まる時期

で，勤務形態への適応や，複数患者に対するケアマネジメントへの不安が大きいと考え，この研修を行っています。患者の申し送りから始まり，暗幕を使用した夜間の病室（実習室）で，夜間の巡視に出向き，複数の模擬患者に対して実際にケアを行う内容です。申し送りでの真剣な眼差しや機敏に動く姿，懐中電灯を片手に緊張した様子で行動する姿は，頼もしくも微笑ましくもあります。日々行っていることの意味づけができ「自分が学生のときより成長していると思った」との反応もあり，自己肯定感やモチベーションの向上につながっています。

3 卒業後もつながる学科づくり

　この研修には，模擬患者として卒後3年以上の先輩たちの力を借りています。この研修のなかで，新卒の後輩たちへメッセージをくれ，その姿を見て「自分たちも先輩のように役に立つことがあれば」と，今ではシミュレーション研修でのファシリテータのほか，看護技術演習の協力員，オープンキャンパスの卒業生メッセージへの協力など，あらゆる機会で後輩にその姿を見せてくれます。卒業後もつながる学校でありたい姿勢を発信することで，卒業生も応えてくれると感じています。

ホームカミングディでの集合写真

（鹿島　三千代）

「教員のささやかな喜び」と「至福のとき」

　卒業式の日，担任した学生が全員帰り，誰もいなくなった教室で出席をとり，教卓に座り，数年間の思い出に浸り，笑ったり泣いたりしながら過ごします。「社会の荒波を，みっともなくもがいてもいいから乗り越えるのですよ！」と祈ります。

　入学式の日，輝く目をもち，未来への夢でいっぱいの学生が通い始める教室を一人でピカピカに掃除をして，まだ誰もいない教室で出席を取ります。「あなたたちの目を決して曇らせないよう，私は最後まで伴走するからね！」と誓います。

　このような至福のときを何十回となく繰り返してきた私は本当に幸せ者です。ただただ学生には「世の中は必ず何とかなる」ということだけを繰り返し教えてきたような気がします。こんな私が，昔，自ら受験戦争に立ち向かった日々を詩にして皆さんに贈ります。

【受験草子】

　春はまだまだ　　大物はどんと構え最後に笑うものだと自分に言い聞かせ，余裕をもってのんびり勉強する。いとおかし！

　夏はウキウキ　　大切な遊びとアルバイトを優先し，その合間にのんびりちょっぴり勉強する。いとおかし！

　秋はコソコソ　　周りに刺激され，少々不安になり，友達には余裕を見せつつ少々気合を入れて勉強する。いとおかし!!

　冬はドキドキ　　試験がせまり，あとがないので猛烈に勉強するが，たくさんの神様に頼みもする。いとおかし！

　学生に「自分なりに思いのままやってみなはれ！最後まで私が伴走するから」とエールを送ることが，教員の大切な仕事であると思います。

（佐戸　三千代）

Chapter 5

Q＆Aで解説！

よくある教員の
悩みごと

Q1 学校を簡単に休んでしまいます。どのように対応したらよいでしょうか？

Ans 丁寧に話を聴くことから始めてみましょう。

学生本人の自己効力感を高める

　毎日学校へ行くという習慣がない学生が増えつつあります。例えば，通信制の高校の場合，1か月に数回，登校すればよいというケースや，高等学校卒業程度認定試験による高卒資格取得者であれば，まったく学校へ通学していないということも考えられます。そのような学生は，朝起きて教室に来ること自体が大きなハードルになることもあります。そのような学生に対しては，これまでとは明らかに違う生活になること，新たな人生を歩み出すこと，人生のターニングポイントになることなどの意味を説明するとよいでしょう。本人を中心に据えながら，丁寧に確認し，学校に通学している意味や，今後の人生の目標などについて，本人がやるべきことの意味づけを入学当初に共に話し合うことが重要になります。そのうえで，学生が1日1日できたことを，教員が言葉にして承認する（褒める）ことで，学生本人の自己効力感を高めていくような取り組みが必要になってくるケースもあるでしょう。

一緒に具体的方策を考える

　学校を休んでしまうという事象の背景にあるものは何かについて，本人と

話し合いながら（ともすれば本人も自覚できていない理由がある場合も考えられます），理由が本人なのか，家庭の事情なのか，問題の所在や原因をできるだけ，本人が自覚できるように傾聴し，明らかにしたうえで，本人と担任が共にできる具体的方策を考えることも一つの方法です。まずは丁寧に話を聴くことから始めてはいかがでしょうか。

(梅森　恵美)

教員としてのアンガーマネジメントについて教えてください。

Ans 教員は,怒りに支配されないための自己管理・コントロール方法を身につけて学生対応をしましょう。

 怒りの鎮め方のアンガーマネジメントを紹介する

　教員が,怒りやイライラした状態では,学生の態度や言葉に反応しやすくなってしまいます。冷静に判断し対応するには,この感情を鎮めることが大切です。その対処方法を以下に紹介します。

①怒りを鎮める6秒間やルール(怒りの焦点を変化させる)

　怒りの感情が生まれたら6秒の間を作ることで,怒りが鎮まるとされています。やり方は,別のことを考えたり(数字を数える・楽しかった出来事や好きな歌など),その場から離れたり,何かに没頭(深呼吸・身の回りの掃除など)して,6秒間やり過ごす方法です。

②固定観念を捨てましょう(以下の内容を意識)

　「○○すべき」といった価値観を捨て,自分が正しいという考え方をしないことです。また,他者の考えを一旦受け入れたり,新しい体験や経験を増やしたりすることで自己価値観が変化する利点もあります。

③自分でコントロールできることにのみ力を注ぎましょう

　怒りの原因が自分でコントロールできない事象か否かを判断し,把握することで,無駄なことで怒ることは自己にとって損だと自覚しましょう。

② 怒りの感情を鎮めて学生に対応する

　心理学の用語で，心身の興奮を表す用語に「覚醒水準」があります。パフォーマンスの高さに関わる心の興奮・緊張状態のレベルのことです。パフォーマンスを発揮するためには，覚醒水準が上がると，比例するようにパフォーマンスが上がっていきます。しかし，ある地点に到達すると，覚醒水準が高くなるにつれてパフォーマンスが下がっていきます。これをグラフにすると「逆U字」になることから，平常心を保つことがパフォーマンスを発揮するためには大切とされています。

③ 上手に「叱る」準備をする

　教員に求められることは，「学生に怒るのではなく，上手に叱って成長に導くこと」です。そして，叱る力を高めるためには，叱る基準を明確にしておくことです。

　（例）
　①危険なことをしたとき（自他の身体面と精神面も含む）
　②協調的行動が必要な場で，ルールやマナー違反，迷惑行為等をしたとき
　③法律違反

　特に②の基準は，「〇〇すべき」などの個人的価値観にも影響を受けるため，自己基準で考えないためにも，他の教員と共有して指導方法も考えておくと，叱る際に有効で教員自身が楽になります。

（金城　徳明）

提出物の期限を何度言っても守れません。何かよい方法はありませんか？

Ans 学生それぞれの特性に合わせて，意識や環境への対策を考えてみましょう。

 原因は学生の背景ごとに様々ある

　学生が提出物の期限を守れない原因は様々考えられます。期限への意識が薄く，いつの間にか忘れてしまい，気づいたら期限が過ぎていた場合や，遅れても提出すればよいと捉えている場合等，期限を守れていないことへの危機感の欠如は多いでしょう。また，内容が不十分なため期限に出さない・出せない等の性格上の原因や，環境・時間の影響により取り組む優先順位をつけられず，期限に間に合わせられない場合等々，学生により原因は違うことが多いです。

 まずは話を聞き，学生の特性を把握する

　そのため，提出物の期限を守れていない事実へ注意することを繰り返すだけではなく，面談等を通して学生が期限についてどのように捉えているのか，また何が困難にさせているのか等，個別の特性を把握していくことから始めてください。原因を知ることができれば，そこから個別に合わせた対策が見つかる場合があります。これまでの教育環境も学生それぞれで違うことも考えられるため，もしかしたら思いも寄らぬ原因が見つかるかもしれません。

③ 意識づけを丁寧にする

　まずはどの原因においても，提出物の期限を守れない学生の多くは，そもそも提出を求められていること自体や，期限を守る意味・重要性をまだ理解・実感できていないことが多く見られるように感じます。そのため，提出物ごとの内容の意味や，期限がある理由について，丁寧に説明するとよいでしょう。また，その際に重要となるのは，可能な限り学生自身にどのように関わるものなのかを説明に加え，より理解を深めるよう促すことです。特に期限については，提出をする側の学生だけでなく，提出される側や所属先全体への影響，期限ギリギリではなく余裕をもつことも踏まえて，メリットとデメリットの説明も加えると，より理解しやすくなると思います。可能な限り，提出期限を守ることでポジティブな影響が多いと感じられるように進めることが望ましいでしょう。

④ 環境の工夫をする

　学生自身に意識させる方法として，環境の工夫をすることも必要です。課題に提出日を記載する他，教室にも掲示し，常に目につくようにするのもよいでしょう。また，周囲からの声かけや，全体の提出状況が確認できるように工夫することも有効だと思います。周囲や提出状況を意識することで，提出物への意欲，または危機感をもつことができる学生もいます。自分が提出することでクラス全体が期限を守れたという，集団における達成感も感じることができるかもしれません。加えて，期限を守れた際は教員側からも感謝の気持ちを伝え，学生自身が社会へ影響していることを実感させるのも有効かと思います。期限を守ることに前向きになれるよう様々な方法で促してみましょう。

（髙村　真司）

グループワークがうまくいきません。何かよい案はありませんか？

Ans グループワークの目的を明確に伝え，適切なテーマ設定（指示）をしましょう。

グループワークの目的や意義を明示する

「何のためにグループワークをするの？」「学生を眠らせないためのグループワークなの？」，鋭い学生ほど「このグループワークは何のため？」と問題意識をもっています。ペアワークやグループワークは見た目に「活動的」で，教員は楽をしてしまいがちです。グループワークをすること自体が目的ではありません。グループワークをして何をしたいのか，そこを明確に伝えることが大事です。

意図をもったグルーピングにする

「グルーピングこそグループワークの肝」と考えます。うまくグルーピングするには普段から学生の人柄や人間関係を把握しておかなければなりません。しかし，グループワークは「仲良しグループで」というのも間違いです。仲良しグループからは「アウフヘーベン」が起こらないのです。理想とするグルーピングは「ある程度リーダー的な役割を果たせる学生が一人いる」「男女が同数」というものです。クラスによっては「男女同数」は実現しないこともありますが，「同性だけのグループ」にならないようにします。

③ 意見を一つにする過程を生むテーマ設定

グループワークのダイナミズムは「意見を一つにする」過程にあります。「〜についてどう思うか」というテーマ設定は「何でもあり」になってしまい，意見を出し合って終わってしまいます。グループワークで大事なのは，「〜について意見を一つにしなさい」「〜について賛成か反対かの立場を示しなさい」というテーマ設定（指示）です。

④ 危機介入のポイント

グループ内で話が進んでいない。何も発言していない学生がいる。発言が少なくリーダーが困っている。関係ない話で盛り上がっている。グループワークでよく見られる場面です。ひょっとして与えたテーマが難しすぎるのかもしれません。言葉の定義があいまいで，学生間での理解にずれがあるのかもしれません。そのようなとき，教員は危機介入をしていきましょう。グループの中に入って一緒に話を聞いたり，学生から質問を受けたり，何か関わっていきましょう。また，うまく行かなかったときの二の矢を準備しておくことが大事です。例えば「中間発表」というやり方です。「まとまっていなくていいから，今の段階でどんな意見が出ているのか」などをリーダーに発表してもらいます。それらを聞きながら「では，次は〜について話し合ってみてください」と問いの形を変えてみるのです。これには教員の技量・力量が問われます。グループワークは実はとても難しい授業形態なのです。誰もが上手く進められる「法則」はありません。真摯に授業研究・教材準備に取り組むことこそ，グループワークが成立する必要条件だと考えます。

（熊谷　修司）

**長期休暇後にモチベーションが低下する学生が多いです。
何かよい方法はありませんか？**

 学校生活や勉強，将来に対する不安を解消し，職業への憧れや目標を再確認しましょう。

できるだけ早期の個別面談

　夏季休暇などの長期休暇後は，普段会えない就職した友達や大学生の友人と再会する機会が増えます。自分とは違う道を歩く友人が大人に見えたり，自由に感じたりすることも多くあります。同時に，自分の将来に不安を感じることもあります。休暇後できるだけ早期に面談を実施して，学校生活や将来に対する不安，勉強や実習への悩みなどを聴取しましょう。そして，一緒に問題解決していく姿勢を示すとともに，専門学校に入学した目標を再確認しましょう。

先輩や後輩との交流

　身近な将来像である先輩と交流する機会を設けましょう。球技大会やゲーム大会，お喋りの場などを提供し，先輩や後輩との交流をきっかけに学校生活がより楽しくなるように，コミュニケーションの機会がつくれるとよいと思います。学年を超えた縦のつながりを強化して，学校生活のアドバイスや勉強を含めた相談しやすい環境をつくることで，安心して学びを続けることができます。また，合同の実習対策やセミナーを実施して，悩みや課題を共

有することで,実習に対する不安が解消され,積極的に取り組むことが可能となるでしょう。

③ 各業界で活躍するプロフェッショナルの講演

各業界で生き生きと活躍するプロフェッショナルを招き,仕事のやりがいや面白さ,学生時代にやっておくべきことなどを講演してもらいましょう。講演者が憧れの対象となり,モチベーションアップにつなげることができます。また,仕事について具体的な話をしてもらうことで,卒業後の自分自身の将来像をイメージさせましょう。

（遠藤　志保）

Q6 不登校になって,本人と連絡が取れなくなってしまいました。どうしたらよいでしょうか?

Ans あらゆる方法でまずは連絡を取ることを優先します。その後,学生と向き合いながら解決策を考えましょう。

連絡を取ることを優先する

　電話で直接話をするとプレッシャーに感じてしまうこともあるため,メールなどで「元気にしてる?」「何かあったらいつでも話をしてね」など,心配の気持ちを伝えるようなメッセージを送ってみましょう。それでも返信がなかったときには保護者等に連絡します。保護者等とも連絡が取れない場合,入学直後であれば,卒業母校へ連絡し,高校生活での状況を確認,連絡手段を相談することも一つの方法です。

登校したいと思えるまで待ってみる

　学生が学校に行きたくない理由は様々です。無理に登校させようとすることで,さらに反抗的な態度をとってしまう可能性があるため,まずは気持ちを受け止め,話をじっくりと聞くことが大切です。本人が登校したいと思えるまで,保護者等にも家庭で学校や勉強の話はせず,待つことをお願いします。

3 直接対面で話をする機会をつくる

学校に来られそうな状況であれば，無理に授業には参加させず，クラスメイトと直接接点のない授業時間に面談を行います。その際一人で来ることが難しければ保護者等に同伴してもらいましょう。

4 様々な方からのアドバイスをもらう

不登校問題は複雑で個別性が高いため，学校，保護者等と連携を取りながら，専門機関にも適切な判断を仰ぎながら，学生としっかり向き合って解決していくことが求められます。一人で解決しようとせず経験が豊富な教員や，スクールカウンセラーから解決に向けてのアドバイスをもらうなど学校全体で解決策を考えましょう。また，可能であれば学生自身もスクールカウンセラーに相談できる体制を構築することが大切です。

(中村 新一)

Q7 親の勧めで入学して，目的意識がはっきりしない学生にはどのような対応が必要でしょうか？

Ans 学生には，自己理解を深めるサポートが重要です。
また，目標設定することで目的意識を明確にしましょう。

① 自己探求と目的意識の明瞭化

　学生には，自分自身と向き合い，自己探求をする時間をもってもらうことが重要です。自分の興味や関心を探求し，どのような分野に情熱をもっているかを考えてみましょう。キャリアカウンセリングや進路相談を受けることで専門家のアドバイスを得ることも有効です。専門学校で学んだスキルをどのように活かすかを具体的に考えることで，目的意識が明確になります。

② 目的意識をもつための目標設定

　短期的な目標と長期的な目標を設定しましょう。これにより，学生に進むべき方向を明確にすることができます。また，学生には定期的に自己評価を行わせ，自分の成長や目標達成までの進捗を振り返る時間を設けましょう。どのようなことがうまくいっているのか，改善すべき点は何かを考えることで，親の勧めで入学した学生でも，これらのアプローチを試してみることで，目的意識を明確にする手助けができるはずです。

3 コミュニケーションと理解

　学生との間で率直なコミュニケーションを図りましょう。学生の意欲や興味を理解し，なぜ専門学校に通うのか，どのような目標をもっているのか尋ねてみてください。目的意識を共有し，学生が自分の選択に納得できるようにサポートします。学生の意見や希望を尊重する姿勢を示します。親も含めたコミュニケーションを図り，親の期待と学生の希望を調整することが重要です。これらの対応を通じて，入学した学生が自分の目的意識を見つけ，充実した学校生活を送る手助けができるはずです。

(東　幸浩)

LGBTQ+ *に悩む学生の対応方法を教えてください。

＊LGBTQ+：Lesbian.Gay.Bisexual.Transgender.Questioning.Plus（+）

Ans 学生からのカミングアウトを絶対にアウティングしないこと。クラスまたは学校全体がアライ（理解者・支援者）となりましょう。

❶ 多様な性の在り方への学習と理解

　多様な性の在り方，また性に関する用語について学習し，理解することが必要です。文献は様々ありますので，習得し，多様な性を受け止める自分の地盤を堅固にしましょう。

　体の性別，性自認，性的指向等について違和感があり，不安を抱えて，その悩みを自身で抱えきれず，学校生活や学習に問題が出てしまう学生が存在することがあります。学生が自らカミングアウトしてくれたら，それは，教員としての自分を信頼してくれてのことだと，大いにプラスに捉えて真摯に相談に乗ってあげましょう。しかしながら，性的違和感に関する相談は，いずれの場合も大変デリケートなものです。相談を受ける教員にも，精神的な強さと，きめの細かい配慮ができる資質をもつことが不可欠です。

❷ 相談に際しての注意

①安心を与える

　「〇〇さん，よく話してくれましたね。本当にありがとう。今までしんどかったね。先生は，あなたの許可を得るまで，絶対に他の人に話しませんの

で，少しだけ心を安静にして，私と一緒にできることを考えましょう」
　これは，数十年前に実際に相談を受けた学生（男性になりたい女子学生）に言ったことです（経験談）。話を聞き，寄りそうことで，すべてが解決できるものではありませんが，まず話を聞き，安心を与えることはとても大切なことだと思います。

②アウティングへの最大注意
　相談を受けた学生について，教員間で情報共有したことがどこからか漏れ，たくさんの人に知られてしまい，学生は深く傷つき，退学してしまいました（経験談）。本人の許可なく，他の人に（他の教員に）に話さないこと，また，教員間で共有する場合も最大限の注意をはらう必要があります。

③ 多様性を理解・支援できる学生と環境を育てる
　これからのクラス運営は，多様な性を尊重できる学生とともに，環境を整えることが大切になります。性的少数者（LGBTQ+）が，自然にクラスに溶け込んでいけるような環境を，教員と学生で協力してつくりましょう。そのために，性的少数者（LGBTQ+）に関する正しい知識を習得するための研修を，教員と学生が一緒に受講してみるのも効果があると思います。クラスまた学校全体が性的少数者（LGBTQ+）に対してアライ（理解者・支援者）となることが理想の在り方です。そして，教員は日々の学校生活の中で，自らが性の多様性に関して，ポジティブな捉え方をすることが大切です。そして，性的少数者（LGBTQ+）がストレスや苦痛を感じる不適切なネガティブ発言は，クラスで放置しないという凛とした姿勢で臨んでください。
　生きづらさを抱える学生を，一人でもなくしましょう。

（佐戸　三千代）

学生と親しくなりすぎると，公私の線引きが難しくなります。学生との距離感を教えてください。

Ans 社会常識的な関係は保ちながら，学生が困りごとを素直に相談できる存在になることを心がけましょう。

① 学生との距離が近いことでのメリット

　学生との距離が近づくことで，学生にとってはコミュニケーションがとりやすい存在となり，気軽に話しかけてくるようになります。授業でわからなかったことを気軽に質問するなど，学習面においてよい影響を与えるだけでなく，家庭生活のことや人間関係，体調面など，悩みを聞ける関係になることで不安を解消し，安心して学校生活を送るためのサポートがしやすくなります。特に，学業についていけず進路変更を考える学生は，なかなか打ち明けることができず，周囲のクラスメイトも悩んでいることは聞いても，相談できる教員がいなければ，情報を察知できなくなります。話しやすい関係であることは，学生にとっても教員にとっても大切です。

② 学生との距離が近いことでのデメリット

　距離感が親密になりすぎると，先生という立場の理解が薄くなり，社会常識的な行動や言動がとれなくなってしまう恐れがあります。教員をあだ名で呼ぶ，「○○先生」ではなく「○○ちゃん」などと声をかけてくるなど，友達のような関係に捉え，教員と学生の関係を逸脱した状況に陥る可能性があ

ります。コミュニケーションを取りやすくするためにと安易に受け入れてしまうと，学外で目上の方に接する際に，対応を誤り，相手に不快感を与えてしまうことが考えられます。

❸ 社会的な距離感はしっかりと保つこと

　社会的な距離感を保つため，必要以上の関わりは避けるほうがよいのではないでしょうか。SNS等で個人的につながる，学外で学生と教員だけで会って話を聞くなどは，あらぬ誤解を招く恐れもあります。学生と教員の距離感は保ちながらも，日頃から学生に気を配り，声をかけていくことを心がけましょう。学生は困りごとや悩みを抱えていることに気づいてもらえるだけで「自分のことを気にかけてくれている」と安心できると思います。学生にとって，安心して学校生活を送れることが何よりも大切です。困ったときにサポートしてくれる存在がいることは，とても心強いものです。

　「話しかけやすい先生」になることは大切です。しかし，学生への関わり方について，普段から内省するメタ認知は必要です。

（大城　圭）

実習後にやる気が低下してしまいました。何かよい方法はありませんか？

やる気が低下した原因を探り、ポジティブなフィードバックを行いましょう。

 まずは学生の状況を把握しましょう

「実習後にやる気が低下してしまった」といっても、やる気の低下の原因は学生により様々だと思います。例えば、実習での知識面がうまくいかなかったストレス、指導者や職員の方々との人間関係でのストレス、経済的な不安や今後の進路選択の悩みなど、様々な要因が関与してくると思います。教員は共感的な態度で学生の実情を聞き取り、背景にある課題を明確にすることで適切なアプローチが見えてくるかもしれません。まずは、学生本人との面談などを行い、やる気の低下の原因を探ってみましょう。学生の周りの友人や実習施設に話を聞いてみるのもよいかもしれません。

 ポジティブなフィードバックと目標設定

ポジティブなフィードバックは学生のモチベーションと自己効力感を高める効果があります。課題発表などの実習のフィードバックではどうしても学生の「できていない点」に目が向きがちです。「できていない点」を指摘し、成長を促すことも大事なことですが、まずは「できた点」「頑張った点」を中心に目を向け、その点に対し具体的なフィードバックを提供してあげるの

がよいのではないでしょうか。また，実習後の振り返りを通じて，成功体験と今後の課題を明確にすることも大切です。明確な目標設定は達成感を生み出し，さらなる目標に向けての動機づけを高めます。具体的な目標を教員と一緒に立ててみるのはどうでしょうか。

③ 同級生や先輩との交流

　同じ実習を経験した同級生や先輩とディスカッションを行う機会を設けてみるのもよいかもしれません。お互いの経験を共有し励まし合う場を提供することにより，自分だけが苦労しているのではないという安心感を得ることができる可能性があります。

（吉田　翔太）

おわりに

　本書を手に取って読んでくださった方，本書と共にクラス運営について考えてくださったことを大変嬉しく思います。ありがとうございます。

　はじめは小さな企画だったクラス運営オリジナルハンドブックの作成が，この書籍化プロジェクトの出発点でした。教員たちのクラス運営事例を聞き，その様々な工夫や学生たちへの熱い想いに大変感銘を受けました。事例を共有した後のアンケート結果では，実に8割以上の教員が「他学科や学校のクラス運営についてもっと知りたい」と答えてくれました。そこから「教員たちのクラス運営の経験を伝えたい，専門学校教員のための本を作りたい！」という気持ちが芽生えたことを覚えています。

　今こうして，想いに賛同してくださる仲間が全国に増え，共に一冊のハンドブックを作り上げることができました。この場を借りて，関係者の皆様にお礼を申し上げます。

　クラス運営ハンドブックの活動に理解を示し，惜しみない協力をしてくださった皆様，貴重な経験を提供し執筆してくださった各校の先生方，これまで共に歩んできた全国のクラス運営ハンドブック編集委員会の同志の皆様。皆様一人ひとりのおかげで，この本を形にすることができました。言葉では伝えきれないほど感謝の気持ちでいっぱいです。

　そして，企画から真摯に話を聞き，我々の経験を一冊にまとめてくださった，担当編集者の木村悠さんに感謝申し上げます。

　このハンドブックが，新任教員の先生や現在クラス運営に携わっている先生方の一助となること，そして学生たちが将来の夢を実現し，社会で大きく羽ばたくことを心から願っています。

2025年3月　　　　　　　　　　　　　クラス運営ハンドブック編集委員会
　　　　　　　　　　　　　　　　　　　　　　　委員長　工藤　絵梨果

■『専門学校教員のためのクラス運営ハンドブック』編集委員会　全国委員メンバー

学校法人西野学園
札幌医学技術福祉歯科専門学校　言語聴覚士科　主任　工藤　絵梨果
札幌医学技術福祉歯科専門学校　臨床検査技師科　主任　梅森　恵美
札幌リハビリテーション専門学校　作業療法士科　副主任　佐藤　淳

学校法人仙台北学園
仙台リハビリテーション専門学校　副校長　小畑　陽平

学校法人鈴木学園
専門学校中央医療健康大学校　教頭　鈴木学園IR室室長　大石　法子

学校法人セムイ学園
東海医療科学専門学校　作業療法科　学科長　田中　敏彦

学校法人穴吹学園
専門学校穴吹コンピュータカレッジ／専門学校穴吹ビジネスカレッジ　校長
佐戸　三千代

学校法人原田学園
鹿児島医療技術専門学校　副校長　宮里　浩二／教頭　西田　徳和

学校法人智帆学園
琉球リハビリテーション学院　行政連携室室長　福田　聡史

アドバイザー
学校法人西野学園　学園本部　事務局長　市川　貴紀

■ 『専門学校教員のためのクラス運営ハンドブック』編集委員会　執筆メンバー

学校法人西野学園
工藤絵梨果
梅森　恵美
佐藤　　淳
中陳　寿枝
藤井　一磨
窪谷　和泰
飯島　英幸
室内　拓也
中尾　学人
松林こずえ
海老子貴弘
髙橋久仁子
大野　　薫
青山　千春
武田　貴子
髙橋　　徹
河合　宣孝
熊谷　修司

学校法人仙台北学園
小畑　陽平
櫻井　直人
木幡　博人
東海林智也
髙村　真司
吉田　翔太

学校法人鈴木学園
大石　法子
遠藤　志保

学校法人セムイ学園
田中　敏彦
角本裕之進
櫻井　泰弘
中村　新一

学校法人穴吹学園
佐戸三千代
村上　匡司
植野　英一
山下　良二
馬場　広志

学校法人原田学園
宮里　浩二
西田　徳和
義山　法男
三原めぐみ
松尾　康弘
山下　喬之
四元　祐子
鹿島三千代
東　　幸浩

学校法人智帆学園
福田　聡史
天久　　藍
井黒　　萌
古堅　貴也
金城　徳明
大城　　圭

【著者紹介】
クラス運営ハンドブック編集委員会
（くらすうんえいはんどぶっくへんしゅういいんかい）

代表連絡先
〒064-0805
札幌中央区南5条西11丁目1289-5
学校法人西野学園
札幌医学技術福祉歯科専門学校
TEL：011-513-2111

専門学校教員のためのクラス運営ハンドブック

2025年4月初版第1刷刊 ©著 者 クラス運営ハンドブック編集委員会
発行者 藤 原 光 政
発行所 明治図書出版株式会社
　　　　http://www.meijitosho.co.jp
（企画）木村　悠　（校正）井草正孝
〒114-0023　東京都北区滝野川7-46-1
振替00160-5-151318　電話03(5907)6703
　　　　　　　　　ご注文窓口　電話03(5907)6668
＊検印省略
組版所　長野印刷商工株式会社
本書の無断コピーは，著作権・出版権にふれます。ご注意ください。

Printed in Japan　　ISBN978-4-18-767624-1
もれなくクーポンがもらえる！読者アンケートはこちらから